商业场景

未来商业的进化方法论
PRINCIPLES OF THE FUTURE BUSINESS

吴晨 著

北京联合出版公司
Beijing United Publishing Co.,Ltd.

图书在版编目（CIP）数据

商业场景：未来商业的进化方法论 / 吴晨著 . -- 北京：北京联合出版公司，2022.9
ISBN 978-7-5596-6427-3

Ⅰ. ①商… Ⅱ. ①吴… Ⅲ. ①商业模式-研究 Ⅳ. ①F71

中国版本图书馆 CIP 数据核字 (2022) 第 143279 号

商业场景：未来商业的进化方法论

作　　者：吴　晨
出　品　人：赵红仕
策　　划：张　缘
责任编辑：管　文
封面设计：万　聪
版式设计：张　敏
责任编审：赵　娜

北京联合出版公司出版
（北京市西城区德外大街83号楼9层 100088）
北京华景时代文化传媒有限公司发行
北京中科印刷有限公司印刷　　新华书店经销
字数213千字　　880毫米×1230毫米　　1/32　　10.75印张
2022年9月第1版　　2022年9月第1次印刷
ISBN 978-7-5596-6427-3
定价：68.00元

版权所有，侵权必究
未经许可，不得以任何方式复制或抄袭本书部分或全部内容
本书若有质量问题，请与本公司图书销售中心联系调换。电话：（010）83626929

推荐语

商业世界唯一永恒的规律就是它总是变幻莫测。那么，如何根据今天的经历和信息把握明天赚钱的行业、赚钱的模式、赚钱的公司、赚钱的人物？吴晨基于多年的观察研究，通俗解读成功商业策略的诀窍。他的观察提炼对于站在十字路口犹豫下一步该如何迈出的中国企业，尤其重要。

——著名金融学者、经济学家 陈志武

多重因素的背景下，现代商业游戏的规则已经出现了本质变革。大多数人都清楚，技术、人、组织系统在商业成功中所扮演的重要角色，但很少有人能够像吴晨的《商业场景》这样将整个图景描绘得如此清晰，并可以用于提升个人在商业世界中的表现。鉴于商业活动是保证所有社会活力的基石，我把它推荐给所有人。

——人文财经观察家 秦 朔

从我们做战略咨询的实践看，"商业场景"确实是一个需要深度洞察的场域，这里不仅有趋势的进化，不仅有技术变革的驱动力，也有用户习惯的变化，也往往承载年轻人的追求在里面，所以，说"场景是创新的富矿"并不为过。吴晨的这本书聚焦的是一个很实战的领域，期待读者能从中获得启发！

——知名商业战略专家 周掌柜

提到商业场景，消费者首先想到的是文和友、SKP、大悦城、太古里……事实上，这已经是商业场景的末端，是在大环境、大趋势、大市场叠加之后，经由多种模式创新、技术迭代、品类叠加交互之后的商业决策产物。

我们了解商业场景的意义在于，可以更深刻地理解这个时代的大趋势，以及每个企业及作为工作者的个体在时代趋势中应当如何自处。

《商业场景》一书，通过多个角度和场域模型，深度解析商业决策的前端命题，很有洞见且具有非常高的实用价值。

——优客工场创始人 毛大庆

作为一个资深国际媒体人，吴晨在其职业生涯中始终关注不同要素围绕商业场景如何在变革中重组，不断建构新的商业模式的可能。作为他的同行、老友和读者，我一直期待他能将这些厚积的思想框架沉淀在一本著作中,终于在全球商业格局巨变的今天等到了本书。相信它能够给疫情中艰难奋斗仍未放弃的企业家和商业人士带来新的思考维度,迈向新的成功。

——得到 App《元宇宙 12 讲》主理人、元宇宙智库创始人 陈 序

新的基础技术创新和技术应用创新必然带来商业模式和商业场景的重塑,吴晨的《商业场景》从多个维度结构化地分析了变革的原动力和关键因素。在当下快速发展变化的世界中,如何快速地理解、判断、进化和整合到新的商业场景中是个人和企业发展的关键。

——Fusion Fund 创始合伙人、硅谷知名企业家、投资人 张 璐

推荐序

成为适者

"唯一能够确定的就是不确定",这句不知道由谁最先说出的俏皮话,如今已经成了一种陈词滥调。

自从2016年一位地产商当选为美国总统之后,似乎就没有什么原本牢固的东西还靠得住。随便举几个例子。

2006年,"世界是平的"这句话就已经深入人心,但是全球化的旗手美国竟然可以在10多年后以国家的名义对全球自由贸易反戈一击。

2018年,备受瞩目的诺贝尔文学奖因为评委丑闻停发一年。

在很多人认为全球性的流行病已经不再可能出现时,始于2019年末的一场大流行病,延续了两年多仍未结束,持续不断地给不同的国家带来新的困扰。

数百亿美元风险资本的投入、数十万员工的努力，以及创业家的理想和热情，会在几天之内都变得毫不重要、化为乌有。

过去，人们一直认为辛勤工作是美德，但是突然很多人开始吵闹着告诉你，所谓的"996"是一件糟糕的事情，如果你热衷于工作，那是你太"卷"了。

…………

即使你不是一个敏感的人，当你每天打开微信朋友圈或者任意一个社交网络时，还是能够清楚地辨别出：外部世界在发生剧烈的变化，而你已经受到或者早晚会受到这些变化的影响。

我所尊敬的投资人瑞·达利欧说："在历史行进的轨道上，人类就像一只蚂蚁。"这句话是为了提醒我们对自己的经验不要过度自信。尽管他认为，努力去理解长周期的历史变化，有助于克服如蚂蚁般的视野带来的局限，但是，我从这句话中读出的还是一种悲观情绪。

因为人的寿命是有限的，我们无法拥有超越周期的经验，所以更容易被无常的命运摆弄。同样，相对于时代转弯时的轰然剧变，以我们自身能力构建的保护措施终究也是有限的。这种巨大的无奈感，在今天无论是个人还是组织，想必都已经有强烈感受。

这也是为什么在吴晨的这本书里，让我印象最为深刻的一句话是"相对于效率，适应力与韧性更重要"。

能力的优先级已经在发生变化。我一直是效率的狂热推崇者。在过去的记者生涯里，我一直以赞赏的眼光看待那些推崇"move fast and break things"（快速行动、打破局面）的组织。但是在不确定性成为主基调的年代里，效率对于生存而言，在重要性的优先级上，必须让位给吴晨所说的适应力和韧性了。

在此，我想改写一个效率时代里常见的比喻来重新描述当下：在今天，不是大鱼胜过小鱼，也不是快鱼胜过慢鱼，而是更能适应的鱼和更有韧性的鱼胜过那些适应力和韧性略差一些的鱼。

不过，正如吴晨提醒的，这其实一直都是进化的规则。最终活下来的，未必是更强大的、更聪明的或者更有效率的物种，大自然的法则一直都是"适者生存"。

希望这本书能帮助你和你的组织，更好地成为"适者"。

李翔 《详谈》主理人、得到 App 总编辑

自 序

进化，重塑商业场景的原动力

引子：巴萨与梅西的故事

梅西（Lionel Messi）与西甲豪门巴萨（巴塞罗那足球俱乐部）演绎了一段进化—辉煌—最终衰落的故事。

梅西的成功需要巴萨来成就。梅西作为球队灵魂，需要熟悉的队友积极跑动来调动对方球员，需要有人对他的跑位心领神会，也需要在他接到中场或后卫队友传球之后，有人能打出配合——至少有3位到4位己方球员在梅西得球之后向前冲插，撕开对方后卫的防守，同时跑位为梅西传球创造空间。

从巴萨和阿根廷国家队的不同表现就不难看出，光有梅西没有团队的默契，很难取得巨大的成功。梅西和巴萨一起创造了一次又一次辉煌。巴萨在梅西的带领下多次夺得欧洲冠军杯，梅西更是 6 次摘得"世界足球先生"（含金球奖）桂冠，比罗纳尔多（Cristiano Ronaldo）还多 1 次。但在阿根廷国家队，梅西成为球场上唯一被喂球的人，队友不是在梅西希望得到球的瞬间把球传到他脚下，而是不论什么时候都尽量把球传给他，梅西在球场上的活动空间就被大幅挤压，很容易被盯死。阿根廷国家队在梅西的率领下屡次冲击世界杯冠军未果，只能以 2021 年的美洲杯冠军聊以慰藉。

团队成就球星，球星成就团队，在球场上如此，在商场上亦是如此。

足球一直在不断进化之中，无论是打法和阵法，还是外在的商业模式。巴萨之所以能演化成一支长期以梅西为核心的球队，屡屡斩获佳绩，首先是外部环境变化带来的商业模式创新，让球星主导的足球开始大放异彩。

20 世纪 90 年代冷战结束之后，全球化高歌猛进，让欧洲顶尖足球联赛成为全球观众热衷的电视节目，也为欧洲顶级球队带来丰厚的收入。很难想象，距此仅仅 10 年前，足球赛在欧洲本地的电视转播都没有普及。实况转播出现以前是更为野蛮的足球时代，各种铲球犯规屡屡让球星受伤。因为球场上风险很高，再加上受伤病困扰，球星的体育生涯并不长。此外，球星也很容易被金钱和盛名所累，很快陷入纸醉金迷的生活，30岁之前淡出球坛的案例比比皆是。

相反，足球转播把欧洲的足球变成了风靡全球的运动，给球队和球星带来了巨大的收益，培养出第一代真正的"专业"球星。

赛场上，因为电视转播技术的不断改进，犯规也有了记录，可以通过录像回放进行裁定，对犯规的惩罚力度越来越高，这些都有助于保护大牌球星免于太严重的伤病。在球场下，专业球员很注重自己的生活和形象，因为代言费和赞助费成为他们迅猛增长的收入来源。梅西能在球场上十几年如一日，持之以恒地保持高水平，背后是他生活的"乏味"。梅西自从十几岁搬到巴塞罗那之后，一直住在同一所房子里面。等名气响了，成为全球最挣钱的体育明星之后，他干脆把邻居的房子也买下来，拆掉修建成一个小足球场，同时砌起高墙保护隐私。

两者相互影响，推进了正循环：球星更专业，维护形象，没有丑闻拖累，就能赚取更多的收入；同样，因为球星更受保护，如果他们坚持训练，体育生涯可以持续得更久。这在罗纳尔多和梅西身上得到了最佳的体现，两人都已经35岁左右，早到了一般球员退役的年龄。虽然两人都在2021年转会离开豪门，但仍然活跃在顶级联赛的赛场。

电视转播的普及把足球变成了全球娱乐内容提供商，而大牌球星无疑提供了优质的内容和品牌的号召力。如果球星能持续高效产出，对自己和球队都是双赢。

不过，长期围绕梅西构建球队的巴萨也陆续出现了一系列问题，所谓"成也萧何，败也萧何"。

首先，梅西成了赛场的主心骨，教练变得相对不是那么重要。走马灯似的换了不少教练后，梅西的意见主导了球员的选择，梅西在场上的想法也会影响到球队的战术安排。早期巴萨有梅西、苏亚雷斯（Luis Suárez）和内马尔（Neymar Júnior）"三剑客"，梅西还没有一人独大；苏亚雷斯和内马尔转会之后，梅西终于成了球队核心（但也成为巴萨"尾大不掉"局面的成因）。梅西既然成为球队的主导，那他也必须为球队的输赢承担责任，身上背负的压力更多。相应地，巴萨变懒了，在足球进化的路上落在了后面，为未来的失败埋下了隐患。

其次，巴萨也中了赢家的诅咒，自己培养青年球员的足球学院供血不足，球员梯队青黄不接。并不是巴萨的足球学校办得不好，梅西就是足球学校培养出来的。问题是，虽然足球学校仍然在不断招收和培养各个年龄段的年轻球员，却无法培养出梅西那一代群星球员，因为足球学校直接向主队输送球员的机会基本上被切断了。

连续获得西甲和欧冠的冠军，强化了梅西作为球队核心的作用，既然有制胜的配方，巴萨选择不再改变，反而进一步加码，更加依赖梅西，也更加依赖梅西愿意搭档的人——很多球员和梅西一样是30岁出头的老将——球队更新速度明显放慢。当关键位置上出现空缺的时候，球队管理层的第一反应也是在市场上花大价钱"买"球星，而不是起用名不见经传的新人，赢球的压力让他们不再敢在年轻人身上冒险。毕竟期待18岁的新人崭露头角是在下赌注，有的人马上绽放，有的人成熟可能需要等上三五年，但巴萨不再有以前的耐心。2003年梅西18岁的时候就能加入巴萨打上主力，这样的时代一去不复返了。

最后，脆弱性！由于球员的薪资成本激增，巴萨这支年收入一度超过10亿美元、号称全球最赚钱的球队，也变成了全球最脆弱的球队。随着梅西的名气越来越大，他的工资过去10年也翻了几番，2017—2021赛季，梅西从球队得到的收入超过5亿欧元。梅西涨工资，他的老伙伴们的行情也跟着水涨船高，令巴萨承担了巨大的资金压力。

2020年，在新冠肺炎疫情冲击下，收入骤减的巴萨一下子就陷入危险的境地。在2020年赛季结束之前，梅西求去，球队如果当时能与梅西达成妥协，以部分转会费的形式（有人估算约为1.6亿欧元）将其"礼送"出去，一方面能极大减轻薪资压力，另一方面也可以给球队带来亟须的现金。

可惜，巴萨并不是一支完全市场化的球队，巴萨的主席是球迷们推选的，更像是政客。在情况还能支撑的时候，管理层不会让自己成为那个丢掉梅西的人。一年之后，因为疫情持续，局面突然变得无法持续，尽管梅西愿意大幅减薪，管理层仍然决定"壮士断腕"，不再与梅西续约。梅西被迫黯然离开，巴萨也失去获得巨额转会费的机会。双输的结局，对于曾经的豪门团队和足球巨星而言，无疑是巨大的悲剧。

球王老矣，新王加冕，这是生物演进中恒久不变的道理，在高度竞争的商业场景中，同样如此。很多人认为体育和商业是两码事，其实就个人发展、组织变革、商业创新等维度去思考，体育能给商业非常多的启发。

梅西与巴萨的故事有助于读者理解本书的主题：进化是重塑商业场景的原动力。

第一，梅西与巴萨的互动过程中，成就了一套让球队成为全球顶级豪门、让梅西成为全球顶级球星的范式。这一范式相互依赖，从阿根廷国家队的表现不难看出，离开团队的有效支持，梅西也孤掌难鸣。商业场景中，领导者和团队的关系，人才与组织的关系，亦是如此。

第二，巴萨的成功源自进化。巴萨青年足球学院培养出以梅西为代表的一代足球新星，成长中的巴萨愿意冒险，给新人机会。成就梅西的巴萨也成就了自己，在进化过程中碾压对手、成为霸主。

第三，进化的视角也让我们很清楚，繁荣会种下衰落的种子，成功可能导致路径依赖、风险厌恶、保守和僵化，缺乏足够的新陈代谢，直到最终被推下神坛。成功让巴萨放慢了进化的脚步，竞争让更多对手抄袭巴萨的成功经验。进化和竞争意味着任何人——包括过去在各个领域中的霸主——都处在不进则退的大环境里。

第四，外部环境推动商业模式的变化，复杂系统里涌现出新鲜事物。电视直播改变了顶级足球俱乐部的商业模式，让球星拥有更长的商业寿命和更大的话语权。

梅西和巴萨的故事是一个比喻，从它引发出的许多跨界思考，可以帮助理解进化所推动的商业场景的变化和重塑。因为进化的力量，没有什么是永恒不变的。美国经济学家明斯基（Hyman P. Minsky）描述金融市场的理论——繁荣种下衰落的种子——或者说成功的诅咒，在许多领域都通用。无论是自满还是惰性，都会放缓进化的步伐。技术带来的变革，无论是实时转播，还是当下最火的沉浸式元宇宙体验，都会推动商业模式的创新，转而影响到组织的发展。当然，全球化带来的外部环境的剧变，无论是让足球从一项欧洲地区性的体育运动演变为价值亿万美元的全球性娱乐产品，还是因为新冠肺炎疫情导致收入的断崖式下跌，都会对商业产生深远的影响。进化就是个人、组织和环境在互动中变化、竞争、变异、优选、迭代的结果。

进化之喻

进化是自然界推动生物发展的动能。本书借助"进化"的比喻，思考企业的管理者和组织如何适应商业场景的变化，不断发展进步。

人类社会的发展既是自然界运动的延伸，又超越了变异、试错、适应、推广的简单循环与环境互相推动的发展。人类社会有自主的选择，也因此获得日益加速的发展。

推动人类进步的是进化，尤其是知识的进化、创新的进化。知识和创新的进化推动人类社会持续地螺旋上升。

知识的进化依赖开放多元的思想市场，有操守、有专业性的商业文明，有法治保障的市场经济、高效的资源配置，以及有效的激励机制。

同样，如果用进化论的视角去看待人类组织的变化——无论是社群、公司还是政府——不难发现，谁都逃不出生老病死、新陈代谢的规律，有生机勃勃的新进者，有如日中天的霸主，也有日薄西山的衰败者。如何从历史中吸取教训，让在不同发展阶段的组织能够少犯些错误，不走弯路，做好预案，甚至在必要时"当断则断"，值得管理者仔细思考。

此外，明斯基关于资本市场盛衰周期的理论同样适用于企业和国家，其核心就是在繁荣中种下危机的种子，因为繁荣导致过度扩张和骄傲自满。同样，衰败也给下一轮兴盛提供了土壤。

从进化的视角看，没有绝对意义上最好的制度和规则，只有适合当下环境发展的制度和规则。不过，当距离越来越缩短，交流越来越频密，相互依赖越来越紧密的时候，好的演进方式应该是相互理解各自制度和规则背后的逻辑，同时又能有开放的心态——哪怕是有选择地拥抱制度和规则的创新。

同样，进化的视角也能让我们对改变有全新的认知。商业世界中并没有什么放之四海而皆准的金科玉律，人类进步需要不断地转换思维模式。假如我们只有一种思维模式的话，人类的思想和科学就不会产生长足的进步。商业模式也是如此。

在我的上一本书《超越乌卡》中，我特别提到乌卡（VUCA）所代表的波动性（Volatility）、不确定性（Uncertainty）、复杂性（Complexity）和模糊性（Ambiguity），在未来将是常态。只有从进化的视角出发，才能跟上甚至超越剧变。在重塑商业场景的过程中，我们需要不断颠覆一系列习以为常的假设。

1. 现实与假设相符。如果在计划的时候无法看到未来的变化，一开始的假设就是错误的，或者缺乏适应未来诸多可能性的灵活度，我们的行为就会陷入"刻舟求剑"的模式。

2. 未来与近况相似。在乌卡时代，未来很可能与近况不同，过去的经验并不适用于未来涌现出来的新问题。破圈和跨界因此变得更重要，管理者需要从人类的广泛经验中汲取经验，比如足球这样的竞技体育领域，而不仅仅局限于商业本身。

3. 短期价值必将创造长期价值。短期和长期的矛盾会变得更加突出，既要解决短期问题，求得增长，又要完成长期目标，很多时候需要做取舍。承认冲突，同时思考两个表面上矛盾的问题，是领导者必备的技能。

4. "船长"可以灵活地驾驶复杂的、难以理解的"船"。个人英雄主义在全新商业场景中可能不再有效，组织力变得更重要。未来已经没有航母型的企业供领导者驱使。领导者应该做到"指导，不指挥"，构建网络组织发挥每个知识工作者的才智变得更重要。

5. 等系统性变化发生之后再去适应它才是最佳实践。在乌卡时代，观察到系统发生变化之后，可能已经没有时间去采取行动了。有前瞻性地预判系统可能发生的变化，并提早做出预案，变得更加重要。

"我们以为自己是恒定的，而世界很容易被改变，实际情况却是，我们自己是可以被改变的，而世界则是恒定的。"美国新生代创投家纳瓦尔（Naval Ravikant）在《纳瓦尔宝典》中的这句话很好地诠释了进化的重要性，进化就是谋求自己的改变。所谓世界是恒定的，意思是作为个体，无论是管理者还是企业，都很难改变乌卡的外部世界。但我们可以改变自身，无论是组织、管理、领导力还是战略思维。

如何改变？需要转换坐标。历史上、学术上、思想上的重大突破都需要坐标的转换，商业场景中的突破也是如此。

本书的结构

本书分为六章，可以用下文里的金字塔和倒金字塔两张图来理解商业场景的整体结构。

商业场景是企业创新、成长、发展的大环境，既是指本身的大周期，即经济的景气循环；又是指外部局面冲击的场域，比如过去两年多的新冠肺炎疫情，今年年初的地缘政治冲突；还是指持续变化的舞台，比如技术迭代带来的商业模式创新。理解商业场景，需要企业的领导者有外部视角和整体思维，能够对大趋势做出判断，也能够对潜在的变化见微知著，更能够在剧变中学会借势。

商业场景遵循生物进化的规律，进化是塑造商业场景的原动力。大周期有兴盛与衰亡的更替，企业也有草创、增长、成熟、衰败的演进。应对外部变化，企业会利用创新（变异）和实验（试错）去适应变化，谋求新的发展机会；企业的领导者在企业发展的不同阶段和管理的不同层次，也需要"因人制宜"。

先来看金字塔（图一）。

图一 金字塔结构图

第一章，金字塔的基座是对商业场景大趋势的立体观察。没有对整个商业世界，尤其是未来 10 年大趋势的梳理，很难把握方向，也难以确立目标、理解变化，更无法利用工具，抓住风口。

第二章，金字塔的底层是对未来商业指数发展的底层逻辑分析，是大数据、人工智能以及相关的各种新科技和黑科技带来的变革。自第一次工业革命以来，每次商业社会的变革都是新技术推动的，无论是蒸汽机、电力、电脑的运用还是互联网带来的变革，技术都是第一推动力，是推动商业场景进化的主动力。

第三章，金字塔的中下层是对组织进化和推动变革的基础设施的分析。技术和组织的变革相辅相成，但是受惯性和惰性的影响，组织总是会滞后于技术的发展。不过随着信息流动的加速和竞争的加剧，组织变革和进化的速度也在加快，推动塑造更合适的组织来跟上技术的发展，也变得更为急迫。

新技术带来新形式的社会经济组织，技术上的变革需要社会制度的互补性变革。技术、经济和相关制度作为一体化系统需要共同进化。创新本质上是通过引进新形式的经济组织以改变经济，这是技术改变社会的实质。

第四章，金字塔的中上层是对管理的探讨。管理者应当保持一种拥抱变化的新姿势。如果说组织是连接人的方式、加速信息与反馈流动的方式、协作完成目标的方式，旨在挖掘人和人群的潜力，那么团队管理是软件，是领导者、人才和团队的三位一体。从工业经济转型到知识经济，全新的商业场景需要管理者聚焦在如何管理聪明的头脑，挖掘群体智慧的潜力。

第五章，金字塔的顶层是对领导力这一持续进化的务实思维的剖析。组织需要有方向、有发展、有动能。随着组织架构、团队协作的进化，领导力也应该随之改变。但这种改变并不是重构一套全新的领导方式。相反，它更加需要领导者思考领导的本质。谦逊、倾听、勇气，以及终身学习的能力，是卓越领导者必备的素养，古今皆然。讲故事的能力、着力培养接班人、真正做到"指导，不指挥"，这是新时代对领导者的要求。

第六章，金字塔的塔尖将聚焦实现降维打击的战略。如果说领导力是领导者精选人才、鼓舞团队、赋能组织、善用技术所必备的能力，战略思维则是明判大势、洞察先机、借势发展、成就伟大的必需素养。

反过来，再来看这个倒金字塔（图二），把领导者、团队、系统思维与外部环境有机地整合起来，为未来企业领导者的能力塑造给出了一张清晰的路线图。

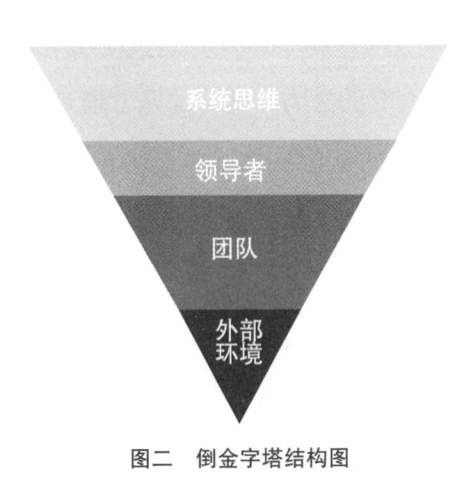

图二　倒金字塔结构图

基于系统思维，领导者能整体动态地观察外部世界，前瞻涌现出来的新机遇。从系统思维出发，领导者需要塑造领导力，着眼于团队管理和组织进化，紧跟技术的发展。

人的思维和行为是三重进化的产物。首先是生物的进化，这种进化过程强调的是适者生存；其次是文化的进化，知识的爆炸不再局限于大脑的储备，互联网让共享群体的智慧变得唾手可得；最后是社会的进化，尤其是组织的进化，更加适应快速变化且更高强度竞争的压力。

在全新的商业场景中,只有理解了进化的力量,才能成为更敏锐的弄潮儿。

目 录

推荐序　成为适者　　　　　　　　　　　　　　1
自　序　进化，重塑商业场景的原动力　　　　　5

第一章　构建立体的商业场景

引子：极端压力测试下，赫兹的触底反弹　　002
1.1　看清大势，善用危机　　　　　　　　005
1.2　21世纪20年代的大趋势　　　　　　　011
1.3　如何前瞻未来　　　　　　　　　　　029

第二章　技术——指数级增长的底层逻辑

引子：前瞻与摩尔无缘　　　　　　　　　　038
2.1　数字化转型如何改变商业逻辑？　　　　042
2.2　元宇宙：寻找下一代互联网？　　　　　056
2.3　即时经济：数字化转型的终局？　　　　076

2.4　技术推动的办公室变革　　082

　　2.5　拥抱指数增长和指数经济　　088

第三章　组织——推动变革的基础设施

　　引子：柯达衰落的另类解读　　096

　　3.1　相对于效率，适应力与韧性更重要　　098

　　3.2　组织的进化：从泰勒主义到特斯拉模式　　103

　　3.3　构建网络组织　　118

　　3.4　多样性团队　　138

　　3.5　追寻工作的意义　　145

第四章　管理——拥抱变化的新姿势

　　引子：黑莓的执念　　150

　　4.1　人才与团队管理　　152

　　4.2　团队管理　　165

　　4.3　科学决策　　177

　　4.4　鼓励实验　　198

第五章 领导力——持续进化的务实思维

引子：为啥拍脑袋的决策漏洞多？　　206

5.1　保持谦逊　　209

5.2　学会倾听和对话　　213

5.3　勇气　　219

5.4　格局和方向感　　223

5.5　终身学习与独立思考　　232

5.6　学会讲故事　　240

5.7　"指导，不指挥"　　244

5.8　培养和选好接班人　　251

第六章 战略——降维打击的实践场

引子：失败的戈恩　　258

6.1　外部视角　　262

6.2　大象问题：把握局部与整体的关系　　269

6.3　设计思维与情景规划　　280

6.4　终局思维　　294

6.5　系统思维：理解复杂　　301

第一章

构建立体的商业场景

▷ 引子：极端压力测试下，赫兹的触底反弹

新冠肺炎疫情的反复使全球各行各业经历数次压力测试。这些测试显示了乌卡时代的波动性和不确定性会带来哪些匪夷所思的结果。

租车行业是一个颇具代表性的例子。疫情发生后最初的 6 个月，全球备受打击的莫过于与商旅和出行相关的行业，无论是航空公司、酒店还是租车公司都面临史无前例的压力测试，当业务下降到 1%，现金流几乎归零的时候，很少有企业有充分的预案。

全球排名第一的租车公司赫兹很快宣告破产。因为租车公司是二手车行业最主要的供应商，租车公司的去库存和出行的暂停同时大幅打压了二手车价。

谁也没有想到，仅仅一年之后，二手车行业会率先复苏，而且在美国达到双位数的价格上涨，成为推高美国通货膨胀的主要因素之一。

二手车行情在一年之内的 V 形反转告诉我们，经济

在后疫情时代如何复苏，没有人能准确地判断。整车厂对私人驾车出行需求复苏的保守估计导致供给不足。虚拟经济的繁荣——从火爆的电商到在线教育、在线娱乐、在线工作——极大增加了对云计算等数字基础设施的需求，转化成对芯片的巨大需求，又让整车厂因芯片的短缺而不得不限产、减产。在"与病毒共存"的世界，全球更多人选择私家车出行。这些因素都导致二手车市场的意外火爆。

1918年成立的赫兹，2020年在突如其来的新冠肺炎疫情压力测试下破产，百年老店命悬一线。谁也不知道转机会来得那么快。不到一年，因为欧美经济报复性复苏和芯片短缺导致的二手车价格飙升，拥有巨大存量车资产的赫兹一下子成为暴利企业，2021年利润达到20亿美元。即便如此，以租车交易单数计算仍然比2019年下降了43%。不过，因为租车市场的供给严重不足——在美国很多大机场，能租到车已经算幸运——将假日期间每日租金抬高到100美元以上后，赫兹赚得盆满钵满。

2020年赫兹宣告破产时，一批私募资金抄底，体现了战略眼光和精准的时机把握。因为外部环境突变经受不了压力测试而崩塌的企业和在金融危机中因为现金流断裂而急性死亡的企业一样,是资本"白衣骑士"[①]喜欢的抄底标的,因为公司运营的本质并没有改变,只要"输血"就能活过来。至于需要"输血"多久,就要看"白衣骑士"对风险的判断了。

但这次,拯救赫兹的资本还具备了长期主义的眼光,看准了赫兹本质上拥有优质的资产,而这种资产又可以讲一个非常好的未来发展故事,不仅是转型的故事,还是环保和绿色发展(ESG[②])的故事。赫兹在美国有上万个网点的基础设施布局,这些网点让它有机会成为电动车转型的先锋。

在新管理层的推动下,赫兹趁着二手车市场爆火的行情,高价卖掉二手汽油车,快速完成车队的迭代。同时,赫兹购买了10万台特斯拉,为绿色转型铺路,让自己成为特斯拉体验店的延伸,让更多消费者熟悉并试驾电动车。此外,它还与优步合作,投资5万台特斯拉网约车,改建线下网点,使之成为特斯拉和其他电动车的充电点,解决电动车车主的里程焦虑。

---

① 白衣骑士:指通过注入资金或收购使企业摆脱财务危机的投资人。
② ESG:Environmental(环境)、Social(社会)和Governance(治理)的缩写。

赫兹在新冠肺炎疫情期间的困局，是许多企业在乌卡时代都可能面临的挑战。我在上一本书《超越乌卡》中特别提出，未来企业的管理者需要经受3个方面的挑战：企业是否有韧性和抗打击的能力来承受极端的不确定性带来的压力测试；在环境发生巨大波动的时候，企业是否能够快速恢复，有敏锐的洞察力抓住复苏的机会；在剧变所推动的转型中，企业是否具备长期眼光，创造性地解决涌现出的新问题，并借势获得更快的发展。

1.1 看清大势，善用危机

风险是成功的信号，而不是失败的结果，与其片面追求短期的确定性，不如做好准备去拥抱长期的不确定性，学会从不确定性中茁壮成长。

在外部环境充满不确定性的时代，是躲回日益狭窄的当下，疲于奔命地解决问题，还是仍然保持战略的定力和冷静，留下一部分时间和精力，打开视野，从全局的、全球的、长远的视角去看待自身利益？这是领导者与高度不确定性共存的关键问题。

在不确定的时代，人们会失去信心，缩小视野，变得只专注"此时此地的我"。人们此时关注的是当下直接的问题，考虑的是当前的短期风险，希望事情尽可能具体和确定。人们越害怕风险，视野就变得越小，所能感知和影响的世界就变得越小。换句话说，人们不可能仅仅在不断应对风险中获得真正的成长。面对不确定性，人们需要的是"风险能动性"，不仅关注即将发生的问题，还要放眼长远，思考长期的问题。

相反，在繁荣和自信的时代，人们的视野会变得开阔，思考问题时所考虑的也变成了"永远的、无处不在的我们"。我们的抽象思考能力越强，社会情绪和信心越高，感受到的确定性就越明显。

大多数人都不喜欢不确定性，希望拥抱确定性。但要从不确定的环境中走出，重回繁荣而自信的时代，却需要我们用长期主义的视角去拥抱不确定性。换句话说，如果我们要适应高度不确定的新环境，必须找到繁荣和自信时代的心态，必须培养一种"风险素养"，学会从不确定性中茁壮成长会让人更愿意去冒险，而冒险会让人更加适应不确定性。从公共的、全球的和长远的视角去看待当下的处境和自身利益，也能让我们更好地应对当下和未来的风险。

在一个"唯一恒定的是变化"的世界，最大的风险，其实是停滞不前。

别错过任何一场危机

丘吉尔有一句名言，"别错过任何一场危机"。他所要强调的是，危机是压力测试，危机过后需要反思。压力测试让人们更容易看到平时不容易暴露的问题，尤其是掩藏着的结构性问题；反思，则是看到了这些问题之后能够广泛地讨论，去思考如何改进，如何避免犯同样的错误。

危机当前，很多人却无法有效应对，因为他们常常犯以下五种错误。

第一，没有能够从历史中吸取教训。中国人特别强调以史为鉴，就是这个道理。

第二，缺乏想象力。应对"黑天鹅"需要想象力，想人之不敢想。应对极端不确定性需要对最差的可能性做出预案。

第三，短期主义。常言说的"头痛医头，脚痛医脚"便是一种短期主义，如果希望用短期方法应对长期问题，其结果最好也只是把苦难像踢皮球一样踢到未来。应对危机最怕的就是当断不断，我们应该认识到，危机其实也是一个果断处理暴露出的长期问题的机会。

第四，常常低估危险，高估自己的能力。危机期间，没有足够的自省能力，因为自大而乐观，都可能加剧风险。

第五，寄希望于永远等不来的确定性。在新冠肺炎疫情背景下的大转型时代，这一点特别明显。转型时代的本质特征就是不确定性，希望用等的方式而不是积极作为的方式面对不确定性，结果可想而知。

◆ BOX
反脆弱，构建应对危机的能力

不能等到危机到来之后再构建应对危机的能力。好的领导者，需要平时就增强自己和团队的韧性。从进化的视角去分析，可以从以下三点开始做起。

首先，自由探索非常重要，因为它可能带来跳跃，也可以促成相邻经验的重组。管理者需要保持好奇心，也要给团队一定的空间去探索解决问题的新方法和新途径。

其次，多样性带来更多重组的机会，保持组织的多元非常重要。创造性团队必须在技能、兴趣和观点上有所不同。一个与管理者过于相似、过于趋同的团队,会有更大风险陷入集体迷思,被共同的盲点所困。

最后,成功并不只有拼搏向上这一条道路,优秀的管理者需要有升维思考的能力。有时候以退为进、保持耐心、做到有张有弛更重要。每个人都需要休息和假期,因为那是思想的孕育和孵化期,重要的突破需要时间来酝酿。

理解混乱与秩序的相辅相成

危机颠覆了我们熟悉的环境,打破了秩序,却也是推动变异和转型的机会。要想抓住危机中涌现出来的机会,需要做到以下几点。

首先,理解秩序与混乱之间的关系。

秩序与混乱的关系,也是"可预测"与"不确定性"的关系。理解这两者的关系,并不能简单地评价孰优孰劣。很多人会选择秩序,害怕混乱,其实根本没必要。相反,不应该二元对立地去看待秩序和混乱,需要用动态统一的整体角度去看从混乱到秩序、从秩序到混乱的演变。进化就是一个从混乱到秩序(从试错到适应),又从秩序到混乱(从变异到竞争)的螺旋重复。而混乱与秩序的边界，恰恰隐藏着最大的新机会点。

其次，理解复杂。

复杂的特点之一是非线性。吃两个药丸的功效并不一定是吃一个药丸的两倍，在巴厘岛待上两个周末带来的愉悦感也不是一个周末的愉悦感简单乘二。

复杂的另一个特点是涌现现象（Emergence）。复杂的系统中有各种不同的参与者，把不同参与者的互动和互相影响汇集起来，就会产生预料不到的结果，培养出新物种。

最后，理解不对称。

如果权责不对称，就会出问题。比如，如果决策者不需要为决策的后果负责，这样的决策就不会优质、高效，这样的领导会出问题。所谓"没有参与，就没有发言权"，权责的不对称，在官僚组织中就可能演变成"办公室政治"的毒文化。

企业文化同时包含了管理层所鼓励和不鼓励的东西，是支配其期望的道德框架，是谁能脱颖而出、谁无法出人头地的原因和共识。优秀的管理者一定要做到权责分明、权责对等。另外，不对称和非线性又带来了飞速发展的机会。非线性意味着输出与输入不是成比例的。要实现一个革命性的突破、一个不可预见的飞跃,团队必须有不可预测性!

在秩序的世界,一分耕耘,一分收获,过去的经验指挥未来的发展。在乌卡的世界、剧变的世界,用旧方法解决新问题,再努力也可能是做无用功。"路径依赖害死人",这又是不对称的一种体现。

1.2 21世纪20年代的大趋势

立体观察商业场景,需要梳理一下未来10年的一系列大趋势。

全球化的7张面孔

经历后冷战时代30年的发展,全球化已经从一路的高歌猛进——以中国2001年加入WTO最具代表性——变得更为复杂多面。

1990年到2010年可谓是全球化的黄金时代,以弗里德曼的一句"世界是平的"而著称:海运和空运成本下降、电话费率降低、关税削减、金融自由化,贸易量随之猛增,企业在全球开疆拓土,投资者到处寻找机会,消费商品琳琅满目、价格低廉,全球商业由此兴旺发达。中国经济也在这一阶段腾飞。

到了2022年,全球化已经有了至少7张不同的面孔,不同人群对其有着截然不同的认知。

最常见的面孔是双赢,也是30多年前冷战结束之后关于全球化的主流叙事。全球化让大量新兴经济体得以获得迅猛的发展,以中国为代表,也让西方发达国家的老百姓能够享受到价廉物美、丰沛的商品。随着亚洲新兴市场融入世界经济,贸易的增速几乎是全球产出的两倍。中国入世之后,在世界上许多零部件和资本货物出口中所占的份额从不到10%增长到30%以上。换句话说,全球化的大潮托起了所有人。

这一正面的寓意,在过去5年已经被很多人打碎,以简世勋在《世界不是平的》一书中的观点为代表,认为全球化出现了赢家和输家。

赢家和输家的二元对立至少呈现出4种不同的面向,代表了认为全球化出问题的4种不同的思路和判断,其主轴都是全球化并非让所有人受益,有了赢家和输家,加剧了全球的不平等。但到底谁是赢家，谁是输家，带来了哪些不公平，应该如何应对，4张面孔又有所不同。

民粹主义以两张全球化的面孔示人。西方左派的民粹主义认为全球化加剧了富裕国家内部的贫富差距，导致劳工阶层工资增长停滞，而巨富阶层（也就是所谓最富阶层中的前1%）赚得盆满钵满；西方右派的民粹主义则着眼于国家之间的不公平，把成熟市场劳工的收入增长停滞和工作的流失归咎于来自新兴市场的竞争，要求减少国际贸易，投资返回国内，收缩供应链，以特朗普的MAGA（Make America Great Again，意为让美国重新强大）口号和英国"脱欧"为代表。

还有两张面孔则从不同的维度对全球化赢家和输家做出了解读。

一张面孔是从企业的视角观察，认为跨国公司在全球化中受益，而本土小企业受损。在进入21世纪第二个10年的时候，这种企业之间的分化更体现在以全球七大互联网巨头（苹果、亚马逊、谷歌、微软、Meta、阿里巴巴、腾讯）为代表的高科技平台型企业与传统企业之间的差距，高科技企业在疫情期间因为大众对在线工作、学习、娱乐、电商以及云计算需求的激增而赚得盆满钵满，传统企业却在数字化转型和以消费者为中心的转型路上步履维艰。这一政策的直接结果是全球对高科技企业加强监管，在数字隐私、数字资产保护、数据跨境流动、眼球经济造成的上瘾问题等领域，有更多法律法规的出台。

另一张面孔则从地缘经济（Geo-Economic）的视角出发，认为全球化已经演进成为全球前两大经济体中国、美国之间在各个维度的竞争。大国之间的竞争不可避免，这些竞争在贸易、高科技等领域已经展开。

第六张面孔是双输的视角，对整个全球经济和人类发展的模式提出了质疑。这一视角认为人类全球化带来的经济发展，消费主义爆棚带来的资源消耗，化石能源广泛使用导致的气候变暖，其实令全球化得不偿失，因为所导致的环境负面效应太大。2021年格拉斯哥全球气候峰会仍没有达成共识。极端天气肆虐的当下，双输的面孔也很值得世人深思。

在2022年，这一双输的面孔又增添了一个更严峻的在之前却被忽略的可能性，即地缘政治的板块碰撞，有可能将我们所熟悉的全球化完全撕裂，美元霸权与大宗商品霸权之间的激烈竞争，有可能对全球化所依赖的金融、投资、贸易等一系列的交流造成巨大的冲击。

全球化的走势决定未来10年中国经济的外部环境。不同的观察角度，会让我们对未来外部环境产生不同的预期。气候变暖的现实和发达国家2050年碳中和、中国"30·60双碳目标"，都会推动全球化合作在减碳、清洁以及碳金融等领域有更大规模的合作。相反，美元霸权与大宗商品霸权之间的博弈又会产生全新的冲突点，加剧全球通货膨胀的压力，能源价格激增、粮食供应紧张、供应链的重构都是企业家需要面对的短期困难，处置不当，更会导致长期问题。

◆ 大趋势
绿色经济，减碳与可持续发展

气候经济是未来10年值得持续关注的大趋势。气候经济涵盖发展模式转型、清洁能源创新、循环经济强化和全球协力合作4个层面，也创造出一系列投资机会。

中国确立的"双碳"目标任重道远，尤其是在2030年碳达峰之后，只有短短30年完成碳中和，与欧美发达国家70多年的碳中和之路相比（大多数发达国家 20 世纪 70 年代碳达峰，宣布 2050 年实现碳中和），时间更短，压力更大。不过，这种加速转型也让清洁能源的各个领域从可再生能源、电池、氢气到碳捕捉等，都充满了投资机遇。

与清洁能源的技术创新相比，循环经济与个人消费观念的改变更隐形却同样重要。例如，国内电动车市场爆炸式增长，如果在电池组的设计制造前期没有考虑到未来循环利用时的便利度，甚至不发展电动车电池和稀有金属的循环利用，就可能带来新的环境污染。同样，"双碳"目标的达成，离不开每个人的选择。年轻消费者在追求个性和定制的同时，也越来越强调分享和减少碳足迹。碳标签的适时推出，将对未来的消费潮流和商业模式产生潜移默化的影响。

气候经济也是被称为"全球最大公约数"的人类共识。要达到控制气候变暖的目标（虽然就 2021 年格拉斯哥气候会议的结果来看，达成 2015 年巴黎气候大会提出的全球变暖升幅限制在比工业化前温度高 1.5 摄氏度的目标的希望很渺茫），需要全球各国的协力合作，需要发达国家给发展中国家更多减排资金和技术的援助，也需要各国制定并实施更严格的减排政策和目标。

技术推动的指数级发展

全球经济发展的一大根本特征是指数级发展。与原先线性发展模式不同，指数级发展用企业发展的不确定性回应复杂市场中的不确定性，让创新企业迅速规模化成为可能，但同时也给市场带来巨大的波动。

指数级发展背后有三大推动力：一是从有形经济向无形经济转变过程中大数据与人工智能的推动；二是平台经济的崛起让迅速规模化成为可能，甚至成为一种必然的趋势；三是浸润其中的企业家借势崛起，推波助澜。究其根本，指数级发展是技术的加速迭代，以及伴随而来的组织的进化。

当下技术对经济发展的推动，以及技术带来的变革，比之前任何大周期都要深远，尤其是加速的数字化转型会带来一系列根本性的颠覆，例如加密货币和去中心化金融很可能给传统央行货币体系带来根本性的改变。

理解人工智能给人类带来的变化，不能从单一的视角去审视，单纯让科技去自由发展，这会带来一系列的问题。因为"意想不到的后果"比比皆是。在很多领域，人工智能的持续进步一定能带来一系列的改变，对组织和领导者而言，需要学习的是如何学会与机器共舞。

外部环境发生剧变，决策者需要从渐进的效率提升转向寻求跃进的指数级增长。

拥抱指数级增长，企业面临三大挑战。

首先，如何在一个不断变化且不同行业之间边界逐渐模糊的世界中找到新的增长点？这需要企业有韧性，能抓住机会，完成数字化转型。（如果对数字化转型感兴趣，欢迎阅读我的另一本书《转型思维》。）

其次，如何避免被颠覆？指数级增长必然面临来自赛道外的进攻，即使是目前行业中数一数二的企业，也可能被弯道超车。为了避免被落下，决策者需要敏锐地观察和追踪新科技带来的变革。

最后，如何吸引和留住人才？人才是知识经济中最重要的资产，发挥人才的创造力是谋求指数级发展的核心。决策者需要避免数据闲置和人才闲置。

◆ 大趋势
元宇宙大爆炸

如果说2021年是元宇宙的元年，2022年则是元宇宙大爆炸之年。因为无论是美国硅谷还是中国，投资者都认定元宇宙是值得下大注的下一个重大创新（Next Big Thing）。

任何实质性的创新都伴随着泡沫和炒作。没有金融市场对美国铁路的炒作，很难想象美国能迅速地奠定跨越洲际的基础设施；同样，没有2001年的互联网泡沫，也很难推动互联网飞速的发展。

元宇宙也类似，可以说是"万事俱备"，到了相变时刻[①]。元宇宙之所以被誉为下一代人机互动的互联网，就是因为5G、区块链、AR/VR/XR技术的成熟，以及NFT（Non-Fungible Token，非同质化代币）的流行，让构建一个更逼真的虚拟世界成为可能。这种虚拟世界很快将与现实高度融合，成为人类感知的一部分。新冠肺炎疫情带来的在线教育、在线娱乐、在线工作的普及，也扫除了任何跨越到元宇宙可能面临的观念和习惯的障碍。

与其预测元宇宙大爆炸可能带来哪些具体的改变——看看在线游戏就好了——不如深入思考支持元宇宙大爆炸除了技术之外，还需要什么样的转型和创新，

[①] 相变时刻："相变"在物理学中指物质在外部参数（如温度、压力、磁场等）连续变化之下，从一种相变成另一种相，最常见的如冰变成水、水变成蒸汽等现象。"相变"概念被引入复杂的网络领域中，指网络在连续变化下的爆发现象。

尤其是制度和规则领域的创新。是不是完全在虚拟世界中复制现实世界中的规则就够了？答案当然是远远不够。元宇宙本质上是去中心化的，已经对既有现实世界的监管和治理构成了挑战，在金融领域尤为突出。现实世界中与资产相关的确权、融资、交易、流通，在虚拟世界中会演进成什么样子？虚拟资产与现实世界的关联又是如何？出现矛盾和冲突如何调解？这些将是元宇宙大爆炸催生更多投资机会的思考点。

去中心化

如果说工业经济是中心化的，知识经济就是去中心化的。去中心化是商业场景正在发生的巨大变化，体现在三个方面。

首先，经济的发展正在从以生产为中心转向以消费为中心。规模化生产加渠道和品牌营销的方式，正在逐步转向个性化定制和消费者参与共创。大数据和人工智能的运用普及了"千人千面"式[1]的精准推荐。Z世代[2]消费者的个性和自

---

[1] "千人千面"式：指通过大数据、人工智能等技术分析不同消费个体的消费偏好、消费习惯、消费需求等信息，然后投其所好地、有针对性地对其进行商品（服务）的推荐。
[2] Z世代：指的是1995年后2010年前出生的一代人。

主推动了小众品牌的崛起。

其次,组织正在从中心化向去中心化转变。高塔与广场、棋盘和网络,都是中心化与去中心化组织的比喻。中心化的组织等级森严,去中心化的组织扁平而连接广泛。在知识工作者成为主流的时代,去中心化网络的信息传递高效、响应速度快,所以它能更好连接每一位团队成员,推动思想碰撞,给知识工作者更大的创造空间。中心化的组织是刚性的,依赖领导者发号施令,强调执行力;去中心化的组织是柔性的,依赖影响力和共识推动发展,着力于韧性和适应性。

最后,定制化日益成为主流。工业经济不只在生产和组织上留下深深的烙印,也影响着工作和生活的许多方面。向知识经济转型突出的是定制化和个性化。以教育为例,工业化的教育是批量生产,知识经济的教育改革则需要定制化,真正做到"因材施教",鼓励个性发展,挖掘每个人的不同和多样性。

未来会有越来越多主要由知识工作者所组成的组织,未来消费也会越来越由年轻一代所主导。知识经济需要思维活跃、多元跨界的人才,定制化的产品和服务也需要管理者重新思考规模和创意之间的关系。

◆ 大趋势
追求全新劳动者共识

如果说2019年开启的是"企业为了什么"的大讨论，即企业除了股东利益最大化之外，还应该肩负哪些使命和责任；2021年开启的则是对工作意义的大讨论。2022年，这一讨论将更热烈和深入。

因为新冠肺炎疫情给欧美劳动者的工作和生活带来持续的影响，在线工作和学习成为常态，催生了一系列混合办公的新模式。新冠肺炎疫情带来的创痛也让许多欧美劳动者重新思考工作跟生活的平衡，尤其是许多年轻人发出了对工作意义的追问。同时，新冠肺炎疫情也催生出大辞职潮，增强了劳工与资本博弈的砝码。

在中国，对工作意义的讨论以一轮轮新潮迭出的网络热词为代表：从"躺平"到"糊弄学"，再到常常可以听见的"摸鱼"。这些热词给人的感觉是一种职场中过早产生的倦怠感和随波逐流。这种随波逐流又会因为大企业的裁员潮而引发一种深层次的思考，至少会涵盖以下几个方面。

1. 企业对员工的责任，尤其是企业对知识工作者的责任。

2. 怎么更好地去设计自己的职业和生活发展轨迹？在这种设计的过程中，如何增大每个人的主动性？既然自己作为消费者能获得巨大的定制权，那么作为知识工作者，如何更好地去掌握自己的命运？

3. 这种对工作意义的讨论，与未来企业组织与管理转型以及工作的边界的讨论息息相关。

在国内，对工作意义讨论的背后，还明显呈现出剧烈的代际差别与知识经济转型叠加而成的奇特景观。Z世代可以说是中国历史上在富足社会中成长出来的第一代，是移动互联网的原住民，又大多是知识工作者（或者服务从业者）。他们的认知、选择和喜好影响到组织的方方面面，这也意味着管理者需要遗忘过去的经验，拥抱全新的组织协作模式。这种模式归根结底就是，要想管理好富足时代成长起来的个性化的聪明头脑，需要有"向下学"的态度。

对工作意义的讨论中另一个主要问题是，我们应该用什么方式去管理和激励数字时代的原住民？

当技术可以让我们随时随地完成工作的时候，我们并不希望工作挤占每个人的生活和娱乐的时间。监控和打卡，用工作时间来界定工作和生活的边界，显然是工业时代的老方法。在数字时代，需要引入新思维，用工作的结果，而不是单纯用工作时间内能做什么或者不能做什么来考核每个人的工作。

欧美的一些大企业在园区内提供好的健身设施，允许员工工作时间内健身，享受公司提供的按摩服务，这些做法当然是想让员工花更多时间待在公司，但也未尝不是对Z世代年轻人多元化需求的认可甚至鼓励。反过来说，如果还是用工业时代的管理方式管理Z世代，只可能成为一场猫鼠游戏，而企业一定会是傻猫汤姆。

管理Z世代的办法应是梳理和沟通，而不是围堵和谴责。企业需要思考的是如何塑造和提升自己的企业文化、提升员工的向心力。这不能只停留在嘴上，而需要切实的组织革新。过去两年，敏捷组织和赋能一线员工，变成越来越多企业组织转型的目标。一方面，这是因为在互联网和面向消费的领域，年轻人有着敏锐的嗅觉和高强的数字学习力，企业需要充分地发挥这些能力，而不是用制度和约束把他们套进听话执行的模子里；另一方面，也是应对外部多变的世界，需要构建合适的组织去激发年轻人的创造力和创新热情。

对工作意义的讨论的第三个维度是中国产业制造的转型和升级。从中国制造向中国智造的大转型，也需要推动劳动者教育和培养体系的转型。

重新定位工程师和技术工人。工程师是连接科学家和企业家的"翻译",是动手能力强的实践型"科学家"。中国不能走英美产业空洞化的老路,就需要夯实从中国制造到中国智造的转型之路,培养更多工程师和技术工人就成为必需。

西方国家之所以出现民粹主义——可以看作对全球化的反动——与其高等教育的游戏规则出了问题有关。培养会读书、会考试、会写论文的人,通过各种分流淘汰了晚熟和动手能力强但暂时读不好书的人,没有给后者以进入高等教育轨道的机会,是对人才的巨大浪费。

向中国智造的转型,设计和制造需要更紧密的配合,因此,垂直整合变得更重要。垂直整合并不一定需要发生在同一家公司内,但至少需要共建产业的生态圈。从长远来讲,科学家、设计师、工程师如何相互配合和影响,如何一起锤炼产品,非常重要。

每个时代都有找寻到自己责任与担当的路径,我们需要以开放的心态和更大的包容讨论如何建立全新的工作契约,让工作有意义,让努力有回报,让工作时间有灵活度。

规模与创新的矛盾

商业场景中最主要的矛盾是大与快,或者说是规模和创新之间的矛盾。企业组织如何创新,并且能够在持续增长的过程中保有创新的活力,同时又能够敏锐地应对变化,是管理者需要深入思考的大问题。

发展指数经济,一方面,需要创新企业快速规模化;另一方面,又需要拥有庞大规模的、能够持续创新的企业,仍然能保持初创时的活力、灵活度、对机会的把握,以及狼性等特质。规模和创新,鱼和熊掌可以兼得吗?

换一个视角,从进化的角度看这组矛盾,会有全新的启发。

首先,规模定义成功。能够快速达到规模的企业才可能存活下来,并有更好的发展前景。但达到规模并不是外界眼中的"烧钱拼速度",而是需要不断迭代。数字经济时代给了创业者更多工具,让他们可以在与消费者交互的过程中,在不断地实验过程中,找到新方向,抓住新机会。

其次,规模定义领导力。在企业的不同发展阶段,领导力的需求不同。草创阶段,需要的是一专多能的人才,需要的是每个人都能够撸起袖子干活的团队。企业达到一定规模后,则需要专业化,需要引入专业人才,需要强化组织和管理,这些都是创业者的必修课。

最后,学习力是推动企业不断前行最重要的动力。在剧变时代,需要不断学习新知,更重要的是要学会忘记过去的经验,加速过去经验的折旧。过去成功的烙印,过去经验所得,令成功者印象深刻,但剧变时代给成功者最大的挑战恰在于此。

◆ 大趋势
即时经济新抓手

如果说从斯密、凯恩斯到弗里德曼都在强调经济学研究的是市场和政府作为看不见和看得见的手如何推动发展,那么2021年诺贝尔经济学奖三位得主的研究则强化了实证经济学的重要性。获奖人之一的卡德采用自然实验的方式,来检验提高最低工资标准对地方就业的影响,让经济学更像实证科学。未来将开启的是即时经济的时代,因为大数据、人工智能、万物互联的发展,给了经济学家和企业的决策者更多即时数据去分析。即时数据将成为管理的新抓手。

即时经济得益于原子世界与比特世界的交集，也就是实体世界的运行数据日益实时精确地在虚拟世界中被捕捉和分析。这一潮流在几年前就已经蔚为大观，比如投资者很早就关注"另类数据"。随着小卫星发射成本变得越来越便宜，覆盖全球的观测小卫星网络可以捕捉沃尔玛停车场上车流的变化，或者一个港口船只出入港的频次，从而让一些投资者赶在企业公告数据之前，推算零售业的指标或者航运物流的指数，选择买入还是抛出股票。万物互联将加速即时经济的发展，不仅给投资者更多分析企业运营数据的工具，也让企业的管理者拥有实时响应的管理工具。

这种即时经济的管理模式需要基于网络组织，因为信息获取不再局限于少数人，信息快速流动变得至关重要。它也在改变消费市场，因为消费者也会更追求即时性，要求快速响应能力。这种即时性还将重塑产品和服务，因为互联互通的新产品可以在全生命周期中不断迭代改进、持续优化升级，就好像电动车的智能驾驶软件可以远程更新一样。

可以说，即时经济会成为未来10年的时代标签。因为技术的指数级发展会一路向前，年轻一代对个性和自主性的追求会永不停歇，衔接真实与虚拟世界

（有形经济和无形经济）的转型会日益深入，企业组织的变革和个人的发展也都会用知识浓度和思想活跃度来衡量，而元宇宙和气候经济又从虚、实两个维度给出了巨大的创新空间。

1.3 如何前瞻未来

想要明辨未来，首先得学习历史，超越周期。学会历史的长期主义视角，就是配备给自己人生阅历之外的视角和观察世界的眼镜，不囿于自己或者同时代人的固有认知，能够超前地看到变革的来临——大的范式转移、周期的变化等，从而更好地趋利避害。

研究历史不是为了预测未来，而是为了了解自己没有经历过的那些不可避免的事件的警示信号。如果按照平均年龄 70 岁来计算，每个人在一生之中遇到革命、战争、重大灾难等周期性大波动的概率并不大。人生不同阶段遇到冲击所形成的记忆以及行为模式也不同，它们很可能影响我们一生。我们很容易"好了伤疤忘了疼"，因为伤疤的记忆很久远，所以才会轻信生活一直是富足的；或者因为伤害太深，导致对未来的生活没有足够的信心。

1914 年，第一次世界大战爆发之前，很少有人能想到，萨拉热窝的一声枪响，能够引发一场持续多年导致几千万人死亡的大战。学习历史就是为了突破代表性偏差（因为长期和平，就误认为和平是常态），获得不曾亲历的经验，从而对未来可能发生的剧变有穿透力的观察。

读历史，尤其是不熟悉的时代与地区的历史，有助于消除一些因所处的时代或地域而产生的偏见。同样，每个人都有自己的认知局限，所以某个领域的专家很难预测未来因为多领域发展带来的剧变。保持开放的心态与不同领域的专家交流沟通，也是为了获得看问题的不同视角。

历史的重复性，体现在不同地域因为发展阶段不同而跨越时空上演类似的剧目。

比如，美国汽车市场的发展历史有助于我们预判中国市场的发展。在特斯拉上市之前，美国汽车市场过去 50 年基本上由第二次世界大战之后的婴儿潮一代主导：20 世纪 70 年代，婴儿潮一代刚刚进入职场时，因为收入不高，他们出行的需求推动了价廉物美的日韩系小型车打开美国市场；20 世纪 80 年代，当婴儿潮一代进入生育高峰，保姆车（Minivan）成为主流；20 世纪 90 年代，婴儿潮一代步入中年，他们对彰显力量的追求让 SUV 大火。

理解这段历史之后，决策者应该清楚，类似的发展轨迹很可能在中国市场再现，那么，谁是决定中国汽车市场走向的世代？

前瞻需要多模型思考

在乌卡时代，需要多模型思维。模型可以帮助我们简化对世界的观察（暂时去除那些细枝末节），可以给我们看问题的不同视角，多模型之间的关联度也可以让我们发现之前没有意识到的问题。

举一个多模型分析的例子。

20 世纪 60 年代，古巴导弹危机成功化解，很多人以博弈论来解释，这让博弈论一下子被世人熟知。根据博弈论，可以推导出肯尼迪和赫鲁晓夫两人的决策树，从而分析两人都有哪些或明或暗的牌可以打。博弈论很好地解释了为什么苏联在古巴部署导弹之后美国会选择禁运，而不是直接对苏联实施核打击，或者直接对古巴实施打击从而消灭所有导弹。

另一位研究学者从组织机构能力模型分析古巴导弹危机，发现博弈论中的一些预设条件或者没有解决的问题，可以通过组织机构能力模型来解决。比如为什么苏联在古巴部署导弹却无法做到保密？为什么肯尼迪没有选择打击古巴以消灭所有导弹？

非不想也，实不能也。我们常常会抽象地以为古巴导弹危机的博弈是美、苏两国领导人之间的博弈。但现实中，大国博弈却是两个官僚机构的博弈，而官僚机构都有着它们的弱点和盲点。

多模型思考帮助我们对复杂系统有更深入的认知，也帮助我们基于多个透镜去审视复杂的问题。博弈论叠加组织机构模型可以更好地分析大国博弈，也同样可以帮助企业分析复杂的新问题。

有限游戏与无限游戏

达尔文说过，一个区域物种越丰富，共生数目就越多。共生是生态圈给未来商业场景的启示：因不同而繁荣！管理者很容易纠结在高强度竞争的零和游戏中，却忘了未来商业场景中，占多数的将是无限游戏而不是零和游戏。

零和游戏一定要争个你死我活，属于有限游戏。问题是，赢了一次博弈就一劳永逸了吗？许多管理者将与战争有关的词汇引入商业场景之中，比如说"毕其功于一役""打好最后一仗"，就是陷入了有限思维的陷阱。这样的思维，将未来假设成与过去一样，天下底定，便可以安享太平，殊不知在变化的世界，博弈周而复始。

无限游戏的规则需要秉持长期主义的观念：坚持价值观，树立长远的目标，能够号召和影响一批人为了这个目标而奋斗，强调建立一个足够强大、足够健康，且有足够的适应性和灵活度的组织，让它能够经久不衰，适应不断变化的环境。有限游戏制造出无所不知、无所不会的"完人"，无限游戏却需要打造兼备创造力与执行力的组织。

有限思维和无限思维的差异也是秩序与混乱的分野。有限思维的焦点是获得稀缺的权力，无限思维则聚焦于开放而非封闭的力量。有限思维与可能性为敌，消灭可能性带来的纷乱，寻求效率和秩序，追求输赢，追求零和游戏；无线思维与可能性为伍，激发可能性而释放红利。

无限思维拥抱的是充裕，让每个人都在游戏中构建长期立足的组织和资源；有限思维的基石却是稀缺性，所以才要争一时的胜负。与有限思维的玩家的短视相比，无限思维的玩家明白，对自己生存最有利的选择就是让这场游戏得以继续。

有限思维的管理者会把过多注意力放在紧急而非重要的事情上，忙于当下，本能地根据已知因素来做出应对，而非主动探索或推进未知的可能性；无限思维的管理者至少会拿出一部分精力眺望将来，挑战自己的固有认知，探索未来的可能性。

比如，前瞻"人+机器"的未来时，有限思维和无限思维也会产生完全不同的判断。在有限思维的游戏中，人工智能相对于人类的能力是碾压式的；在无限思维的游戏中，人类触类旁通的洞察力令人工智能望尘莫及。同样，贫穷限制了想象力，陷入有限思维的坐井观天之中；富足催生出多样性，需要无限思维去放飞想象力。

如果说共生是自然界最主要的生存法则，无限游戏则是未来商业版图中最主要的规则。如果把商业场景看作一个生态圈，企业之间的相互作用、竞争和共存，构成了商业场景这一复杂而多变的系统。

乌卡时代，需要重新定义商业场景的游戏规则。

我们需要重新定义时空，因为元宇宙会让线上和线下的场景深度融合，让沉浸式体验和交互变得更为普遍。我们也需要重新定义每个人的角色，相对于职位的高低，角色之间的连接和角色的变化更重要。我们更需要重新定义技术的边界和企业的边界,在未来,技术的发展日益跨界,企业的边界日益模糊。

唯有跨界,才能突破。

第二章
技术——指数级增长的底层逻辑

▷ 引子：前瞻与摩尔无缘

霍金斯（Jeff Hawkins）是 20 世纪 90 年代 Palm 手持电脑的创始人。1992 年，霍金斯有幸作为演讲嘉宾参加芯片制造商英特尔每年在硅谷举办的为期三天的高层内部战略会，分享他对未来电脑发展的愿景。

霍金斯的愿景很简单，未来电脑发展趋势一定是手持电脑，为此他特地给英特尔未来制造的芯片提出了三点建议。

一、降低能耗。毕竟手持电脑依靠电池驱动，需要能耗特别低的芯片，以便延长待机时间。

二、把芯片做小。原因如上。

三、降低价格。如果未来手持电脑价格在 1000 美元以内，英特尔是否还能赚钱？当时英特尔主打的 CPU386 芯片要卖到 400 美元一枚。

因为是午餐会，英特尔参会的同事只问了一个问题：消费者会拿手持电脑来做什么？霍金斯没有展开回答，也没有大开脑洞地做畅想，毕竟电脑在当时主要用于文字和图表处理，无线网、蓝牙等技术都还没有被发明。但他还是试图去展望未来，提出手持电脑应该能帮助人们更好地随时随地获取信息。

从讲台上下来，霍金斯被安排在主桌就座，恰好在英特尔创始人摩尔（Gordon Moore）的旁边。他尝试着跟摩尔搭话，问摩尔对自己的分享有什么评价，摩尔避而不答。不仅如此，摩尔在整个午餐时间都没有再跟霍金斯说一句话。

20世纪90年代恰恰是芯片制造商英特尔在PC（个人电脑）领域内如日中天的时候，Wintel（微软的视窗操作系统加英特尔的CPU）是支撑PC市场的主流架构，几乎形成了垄断。摩尔本人更是充满传奇色彩，被很多硅谷创业者誉为精神导师。而以他名字命名的摩尔定律，即半导体芯片的集成度每18个月到两年会翻番——直到现在仍然是推动电脑和算力发展的定律。

但霍金斯被摩尔冷遇，却又颇具代表性。英特尔后来之所以在手机芯片领域毫无建树，把一个巨大且高速发展的市场拱手让人，恰恰因为战略上缺乏前瞻性。类似的案例在科技史上屡见不鲜。施乐[①]在硅谷的实验室PARC发明了最早的图文界面和鼠标，却没有任何商用的想法，让苹果和微软占得先机；柯达将自己的工程师率先发明的数字照相技术束之高阁；微软的CEO鲍尔默在苹果手机发布后的第一反应是"绝非主流"。

但霍金斯的遭遇远不是"对技术和创新商业前景缺乏前瞻性"这一句话就能解释的。至少有三个方面值得企业家、管理者和创业者深思。

第一，很多时候是"屁股"决定"脑袋"。在某个行业、某个阶段大放异彩的成功——恰如英特尔在PC时代对CPU的主导，或者柯达对胶卷市场的主导一样——或许会限制了对未来的想象力，或者因为既得利益导致的认知偏差而缺乏对技术和市场未来进化的思考，正如中国古话所说的，"一叶障目，不见泰山"。

第二，"不识庐山真面目，只缘身在此山中"。局中人摩尔视野受限，倒是像霍金斯这样的局外人——一个芯片行业的门外汉，因为对自己创建的手持电脑的未来发展趋势研究很深，反而能从市场的未来倒推当下，提出芯

[①] 施乐：美国施乐公司（Xerox），全球知名数字与信息技术产品生产商。

片行业未来发展的前景。这样的局外人并不多。而身在局中的人，哪怕伟大如摩尔，也不一定能听得进局外人的进言。这其实是常态。技术的应用与发展，需要入局者与局外人的共同推动。

第三，真正能前瞻技术创新并且推动商业发展的人，需要有终局思维，也就是从未来回看当下的能力。在技术发展加速改变世界的当下，保持对技术变革的想象力变得至关重要。霍金斯从芯片的能耗、大小和价格三个方面提出了要求，这便是展望终局，或者更简单地说，霍金斯看到了至少15年之后（如果以苹果2007年推出智能手机为时间点）的市场需求，从而倒推当下。终局思维，恰恰因为它不容易，所以更需要努力去获得。

在一个技术加速演进、商业不断进化的时代，理解技术的发展，能用开阔的眼光去审视技术与商业共同进化的多种可能性，并且能充满想象力地从未来回看现在，是有雄心的企业家和创业者所需要的。

当然，在做到这一点之前，首先要对技术的演进有深刻的了解。

2.1 数字化转型如何改变商业逻辑？

从前数字时代向数字时代的转型——又被称为数字化转型——启动于 20 世纪 90 年代互联网的商业普及，受益于 2010 年之后智能手机和移动互联网的崛起，2015 年后人工智能（AI）和大数据更是成为数字化转型的主要推手。于是，AI 成为继蒸汽机、电力和计算机之后下一个划时代的通用科技，大数据更被比喻为后工业时代的石油。

新冠肺炎疫情加快数字化转型

数字化转型有三大特点。

首先是从有形经济向无形经济转型，无形资产变得比有形资产更有价值。无形资产有不少独特性。以大数据为例，它的复制和使用的边际成本几乎为零，可以无限重复使用；它遵循网络效应原则，数据越多，使用人越多，单位价值也就越高。此外，它充满可能性，未来会出现什么新的应用场景，我们现在并不知晓。

实际上，无论是从实体经济向虚拟经济转型，还是从有形资产向无形资产转变，背后都是信息技术的爆炸性增长。有形资产需要遵循物理定律，比如，在两年之内全球贸易量或者全球航运量很难翻一番，但信息技术却不受宏观物理定律的限制，很容易就能在两年之内将全球信息量翻一番。实际上，全世界信息量翻番的速度要更快。甚至可以说，推动计算机革命的摩尔定律在数字经济时代会更好地去描述全球数据量的增长。

棋盘和网络分别是对有形资产和无形资产的比喻。作为有形资产的代表，棋盘看得见摸得着，定义清晰，规则明确，但改变会很慢，棋盘上的可能性也有限。在国际象棋领域，1995年IBM的深蓝（一台超级电脑）就打败了当时的国际象棋大师卡斯帕罗夫，凸显了机器计算的能力；20多年之后，谷歌的人工智能AlphaGo在围棋上战胜了韩国著名棋手李世石，所依赖的就是神经网络所训练出的人工智能。

网络则凸显了无形资产的重要性。人与人之间的网络，或者组织结构中非正式的网络，社交网络更是由无数无形关系所组成，它们都没有清晰的定义，从这一点来看，网络也凸显了一种没有边界的可能性。在网络方面，最新的发展前沿领域则是神经网络。

这就引出了数字化转型的第二大特点——知识经济的兴起。从数据到信息再到知识，是一个清理、整合再连接成为体系和知识网络的过程。因为无形资产的特性，知识用之不竭，天生具备共享属性。在交换和碰撞过程中，知识不仅没有损耗，还可能迸发出创新思想。在"人与机器协作"的未来，人的优势恰恰在于人群之间知识的共享、交流、碰撞，跨界思考，触类旁通。因此，知识工作者也是知识经济中最重要的财富生产者。聚合知识工作者的组织需要全新的管理模式。

棋盘和网络的比喻，又很好地诠释了这种转型在组织层面需要引入的改变。棋盘的秩序，适合管理阶层化的组织，好像等级森严的金字塔，底层由数量庞大又可以替换的小螺丝钉组成，依赖流程和纪律来管控。工业经济中的秩序大致如此。但用棋盘的规则来管理知识工作者，则会适得其反。知识工作者最重要的产出是创新和创意。苹果公司以设计著称，乔布斯（Steve Jobs）特别强调，苹果的产品需要在技术和艺术的十字路口找到答案。管理一群设计师，一定不能用流程和规则的方式，而是要给他们足够创意的空间，需要他们根据不同的项目和需求建立各种网络，也需要他们与公司外部的设计师和艺术家的网络保持有机的联系,不断更新创意的想法。未来,更多人将成为知识工作者,他们也需要完全不同的组织模式和管理模式。

这又引出了数字化转型的第三大特点。

数字化转型表面上是 AI 和大数据等通用科技的使用,但跟人类历史上任何一次技术转型一样,科技的推广和广泛使用必须辅之以相应的管理和组织变革。对组织创新的投资与对技术的投资同样重要。比如从蒸汽动力向电力的转型,需要工厂的管理和组织发生巨大变化,因此也耗时超过半个世纪。关键科技带来的变革需要时间去消化、去推广,改变社会习惯、改变管理方式、改变认知都需要时间。如果说新冠肺炎疫情有什么"乌云的金边"的话,那就是它加速了数字科技的推广,也加速了习惯和认知的改变。远程虚拟办公、在线协作等技术早已成熟,却迟迟无法推广,直到新冠肺炎疫情作为触媒才遍地开花。

科技的应用一定会带来一系列的变化,带来体制、机制的创新,给经济注入新的元素。所以,旧工作被取代和新工作的出现都是表象,背后真正的驱动是创建了新的经济元素和经济组织形式。

从 Web 1.0 到 Web 2.0

这里也有必要梳理一下互联网的发展历程。

互联网发展早期是 Web 1.0 的世界，在这一阶段所强调的互联网的初心，即互联网上每一个节点都是去中心化的，互联网给予了每个人公平的机会去产生连接。

维基百科是硕果仅存的几个保留了 Web 1.0 初心的公司之一。如果以访问量排名来评价，维基百科可以说是仍然充满活力。2022 年 5 月，根据知名网站排名平台 Similar Web 的统计，维基百科位于"全球最受欢迎网站"榜单第 7 位。此外，它还提供以 300 种语言编写的超过 5500 万条百科条目，不仅在准确度上与旧式百科全书大致相当，内容还无比广泛。如果说它颠覆了谁，那就是逼着《大英百科全书》这样历史悠久的大部头书籍进行数字化转型，不再出版纸质书。此外，它也为各家互联网巨头提供了大量的内容，当你向 Siri（苹果智能语音助手）或者亚马逊的 Alexa（智能语音助手）提问时，许多问题的答案就来自开源且不收费的维基百科。

之所以说维基百科为互联网发展展示了一种另类的可能性，原因恰恰在这里，因为它开源免费，强调知识众筹，完全由志愿者整理和修改条目，体现了一种与我们所熟知的互联网巨头完全不同的发展路径。

维基百科仍然在坚持自己的初心——早期互联网人的初心。这样的初心主要体现在三个方面。

首先是去中心化。互联网从创建伊始就是一个自下而上的结构，没有谁主导，也不强调金钱的激励。给互联网早期参与者最大的激励莫过于参与到一项成功的创新之中所产生的成就感。

其次是开源。相对于版权（Copyright），早期的互联网人特别强调免费和开源，他们戏称为 Copyleft，强调互联网上的资源可以被免费使用、修改和分发，而不需要得到任何人的允许。他们有着构建全球互联互通的知识网络的雄心，也希望这样的知识网络能够帮助构建一个更公平、更富足的社会。

最后是拥抱一种全新的工作方式。维基百科的工作方式是一种不同于 20 世纪 80 年代开始兴起的新自由主义的市场交换机制。他们希望能够构建一种同人的社群网络，参与者有着类似的身份认同和理想，希望在义务协作中创造价值。

20 世纪末上映的电影《黑客帝国》（*The Matrix*）是对

Web 1.0 时代最好的诠释。影片中的矩阵（Matrix）是基于 Web 1.0 的初心对未来虚拟实境的超前想象，呈现出一种超级人工智能控制人类的绝望前景，当然混淆虚拟和现实的体验也让"红药丸"成为经典。

矩阵作为 Web 1.0 时期的作品，所想象的虚拟空间仍然是物理空间的镜像，把物理空间中野蛮生长的都市搬进了虚拟世界，所以虚拟世界中呈现出的大都市才会有犄角旮旯，有三教九流的栖身地和庇护地，有孟菲斯和尼奥的腾挪空间。

经过 20 年的发展，互联网进入 Web 2.0 的时代。互联网的发展已经证明矩阵这种简单的镜像是虚幻的。Web 2.0 的世界是私人领地，每个人的数字化身都存在于高科技巨头所创造的平台，在虚拟世界中每个人都在裸奔。巨头提供的是私人的（而不是公共的）虚拟世界的基础设施，而这种基础设施与现实世界中城市的基础设施最大的不同，就是它们在不断汲取虚拟世界中每个参与者释放的数据尾气（Digital Exhaust）[1]，而海量的数据既是平台产生

---

[1] 数据尾气：指未经处理的第一手数据资料，这些数据往往是混杂的、碎片化的、数量庞大且无法直接使用的，如用户在使用搜索引擎时输入的词条片段、输入法中设定好的联想拼写词汇等。

巨大网络效应的原因，也是巨头获利的源泉。平台的参与者是即时数据的供应者，算法筛选和推荐产品、服务的使用者，当然也是平台上售卖的商品，这种三位一体的身份集合，超乎黑客帝国式的想象。

从这一意义上来讲，过去10年，虚实结合，万物互联、数字城市等正是一个自上而下把大都市虚拟互联网化的过程，反过来说也是让一切透明化，让算法的逻辑不断渗透进每一个人的工作和生活的过程。

理解从同人网络向平台的转换，理解巨头的崛起，就需要理解数字经济时代最主要的商业逻辑——网络效应。

网络效应

什么是网络效应？简言之，一个网络连接的节点越多，一个新的节点加入这个网络的成本越低，效益越高。

梅特卡夫定律是全球公认的分析网络效应的定律，以早期互联网公司3Com的创始人梅特卡夫命名。这一定律的核心是：一个网络的价值等于该网络内的节点数的平方，一个网络中联网的节点越多，网络本身的价值和网络对于每个节点的价值就越高，而且这种价值是以乘数效应递增的。换句话说，网络效应之所以强大，是因为它体现的是指数效应。一个有 100 个节点的网络，1 个新节点加入后带来的增值不是 1，而是 201，而且随着网络的扩大，这种增值更为迅猛。

在商业领域，尤其是过去 10 年移动互联网的飞速发展，其背后的主要推手就是网络效应。因为网络效应会带来正向的外部性，它能迅速放大先发优势，让一个小的优势在飞轮正循环的推动下成为巨大的优势。在互联网的细分赛道中，恰恰因为有网络效应存在，先发优势——尤其是已经能够积累一定的用户，而用户的有机增长又能够产生动能之后——会变得非常大，即使竞争对手能够推出性能相对更好的产品和服务，也很难撼动先发者的优势。

看看中、美两国的移动互联网巨头，搜索领域谷歌和百度难以被撼动，电商领域亚马逊和淘宝难以被撼动，社交媒体领域脸书和微信难以被撼动，其背后的推手都是网络效应。

所以，网络效应还有另一个重要特点，它能催生出平台。什么是平台呢？比如，在一个虚拟的市场里，有人卖东西，有人买东西，平台则是连接买方和卖方、促进交易的虚拟社区。微信是社交媒体平台，淘宝和京东是电商平台，滴滴是出行服务的平台，它们都在连接买家和卖家。

平台属性让网络效应的规模效应变得更明显，也让束缚大企业成长的边际效用递减的定律失灵。平台企业可以做到边际效用递增，它们在成长的过程中，人员的增长慢于销售额的增长。平台对研发的加大投入也更快地拉开它们与传统企业之间的差距。

数字经济也是知识经济，而知识经济的全新属性让企业迅速规模化成为可能。知识经济在规模化的过程中不受传统零部件投入和供应链的约束，可以迅速扩大规模。在人工智能时代还出现了一种由人工智能推动的"数据网络效应"——平台被更多人使用，带来更多的消费者，就能搜集到更多消费者的行为大数据，让算法得到更好的训练，对用户的选择也更了解，给用户提供的产品和服务的推荐也就因此更精准，从而能吸引更多的用户使用，这样就形成了一个正向的循环。

抖音就是一个数据网络效应的开创者和受益者。它的算法优势在于短视频平台上用户大数据的积累，而大数据又让抖音能够不断完善自己的推荐算法，了解用户的喜好，并根据用户的行为向用户提供更多推荐内容，其结果就是用户刷抖音停不下来。而用户在抖音平台上待的时间越长，抖音推送给用户的内容也就越多，用户黏性也就越高，完成闭环的提升。

这一特点带来的"马太效应"非常明显，平台变成寡头，甚至形成它的垄断地位。因为对于用户而言，同时使用多个平台的成本可能会比较高，某个平台一旦流行之后，对用户的吸引力就会越来越大，一旦某个平台形成了规模效应，就会挤压众多小平台的生存空间。一旦当平台企业快速达到临界规模，就能获得压倒性的主导地位，也就是我们常说的"赢家通吃"。

网络上"马太效应"让强者恒强，适应者暴富，推动平台在某一领域形成垄断优势。PayPal 的创始人彼得·蒂尔（Peter Thiel）在《从 0 到 1：开启商业与未来的秘密》（*Zero to One: Notes on Startups, or How to Build the Future*）中就特别强调企业要善用这种网络效应，在商场中构建可以垄断的平台。

从搜索到推荐的平台演变、注意力经济与上瘾

由高科技数字平台所主导的经济表现出四大特点。

首先，它们最大的特点是撮合交易更快速、更有效。平台掌握的最大资源是大数据，以及基于大数据的人工智能分析，以最常见的连接消费者和服务提供商的双边平台

为例（如淘宝或者滴滴），平台不断搜集消费者的喜好和行为，对消费者的需求有了越来越深入的了解，这可以帮助平台更快、更便宜、更有效地匹配 B 端的产品与服务，而人工智能的应用就是让这种对消费者未来需求的预测变得更便宜。从搜索到推荐，是平台带来的最大改变，匹配度高、预测准确，则让平台的推荐更加有效，从而提高了平台上用户的黏性。

其次，平台控制了消费者的界面和用户体验，因此决定了用户将获取什么样的信息、流程和交易如何执行等重要内容。淘宝作为一个面向买卖双方的平台，跨越了向卖家直接收费的商业模式，转而依赖排名——也就是信息服务——收费，就是一个例子。这就意味着，卖家与平台的议价能力越来越弱，对于平台上的卖家而言，最大的风险是他们的品牌失去曝光度。换言之，他们在平台上的服务变成了可以互换的大宗商品。

再次，平台经济是目前最高效的组织形式，它雇用的人最少，也最灵活。比如现在巨头科技公司雇用的人要比 100 年前镀金时代的巨头要少得多。

最后，平台有着天生的垄断性。大数据成为获得平台服务的对价，平台掌握着海量的数据：个人行为数据、社交图谱、定价信息、购买习惯等等。但是平台也在构建各自的围栏，挖掘数字鸿沟，圈起自己的大数据。平台经济时代，因为网络效应、数字鸿沟的存在，平台企业会天然朝着垄断的方向发展（而不是像100年前的巨头那样通过不断兼并而成为行业的垄断巨头）。即使排名第三的企业都可能岌岌可危。恰如一部影片中的情节，老板在开会时问一群销售人员："你们知道第一名的奖品是什么吗？一辆凯迪拉克！""第二名呢？""一套银制餐具！""第三名呢？""你被炒了！"

平台经济在演进过程中体现出巨大的活力，也暴露出严重的问题。

活力体现在平台经济商业模式正在向以人为中心（或者以顾客为中心）转变，向更懂用户的经济转变，许多平台化产品追求高度的定制化。当很多问题变成了预测问题之后，"从搜索到推荐"就会带来巨大的改变。

"以人为中心"的数字化转型，强调的是在各式各样的线下场景中与每一个用户个体产生互动和双向交流。这种互动产生的大数据既可以让产品服务的提供商对消费者行为的大趋势有所把握，又能够精准了解每个消费者的喜好。这种洞察可以帮助他们提升产品的质量和服务，提高客户黏性。汽车行业的变化就是非常好的例子，无论是老牌的车企还是新能源汽车中的后起之秀，都在推动从"以汽车为中心"向"以用户为中心"的转型。无论是汽车销售、金融服务还是后市场营销，车企都在有意识地与消费者建立直接的连接与互动。这不仅仅是整个产业从汽车制造向出行服务的转变，其背后更是所有产业数字化转型的逻辑。

同时，虚拟经济已经形成了一套比较成熟的商业模式，这套模式被称为"眼球经济"或"注意力经济"。在线平台使出浑身解数吸引消费者的注意力，然后把这些注意力卖给商家变现。不过，眼球经济恰恰暴露出平台演进中最大的问题：浪费消费者大量的时间。

随着眼球经济的崛起，平台会日益挤占消费者的注意力，通过"更懂你"的广告来吸引消费（创造消费），这种消费可能是更定制化的，但本质上又有可能是冲动性的、浪费的、无效的。这种注意力经济挤占的是消费者的时间，增加的就是消费者的成本。

想要理解眼球经济中"羊毛出在猪身上，狗买单"的逻辑，需要更清楚地理解平台的商业逻辑和商业创新。平台因为网络效应所取得的垄断地位是市场的垄断——大家都需要到这个市场上来交易。而在眼球经济中，很多人并不清楚谁是消费者，用户可能也是产品，平台上的小生产商也可能是消费者，它颠覆了整个工业时代经济的大逻辑。

眼球经济也引发了此前从未有过的跨业竞争，因为与虚拟世界的无穷无限不同，每个人的时间是有限的。西班牙皇家马德里俱乐部主席弗洛伦蒂诺（Florentino Pérez Rodríguez）的一段话就颇有代表性，他说，足球作为一门生意，皇家马德里的竞争对手是英雄联盟（电子游戏）、马德里竞技（同属马德里的另一个足球俱乐部）和奈飞（全球最大的流媒体平台）。

这句话值得仔细咀嚼，貌似不相干的足球、游戏和电视剧，竟然在眼球经济这个大的框架之下，成为竞争的对手。

2.2　元宇宙：寻找下一代互联网？

网络效应、平台经济、大数据和人工智能培养的算法可以提供日益精准的推荐，这些都是 Web 2.0 时代的显著特征。但事情正在发生变化,从 Web 2.0 向 Web 3.0 的转型正在发生。在这一过程中,以元宇宙作为概念最为显眼。

元宇宙(Metaverse)是科幻小说家斯蒂芬森 30 年前在《雪崩》(Snow Crash)中创造的概念,描述一个虚拟与现实联通的世界,被电影《黑客帝国》系列、《头号玩家》(Ready Player One)和《失控玩家》(Free Guy)一再演绎。新冠肺炎疫情大幅加快了全球数字化转型的步伐,也让曾经在科幻小说中才可能出现的情景变得触手可及。这些是"元宇宙"概念火爆的大背景。

要理解元宇宙,一个最重要的概念就是数字孪生(Digital Twin)[1],可以说无论是企业还是个人,数字化转型的第一步是建立数字孪生。《头号玩家》中所描绘的世界,是具象的数字孪生所组成的虚拟空间,也是本书"元宇宙"概念的形象呈现。

那到底怎么通俗理解元宇宙呢?可以说元宇宙是体验逼真沉浸式的虚拟现实,许多现实的体验可以在虚拟世界

---

[1] 数字孪生:指充分利用物理模型、传感器更新、运行历史等数据,集成多学科、多物理量、多尺度、多概率的仿真过程,在虚拟空间中完成映射,从而反映相对应的实体装备的全生命周期过程。

中被还原，虚拟空间又给平台、企业和个人提供巨大的创造性空间，每个人都可以构建自己的数字孪生体。借助孪生体，人们在虚拟世界中不仅可以玩游戏，而且可以开会、上课、购物、听演唱会。这种虚拟世界与现实高度融合，将成为我们感知的一部分。换句话说，元宇宙是融合各种高科技的下一代互联网、下一代人机交互的平台。难怪无论是平台企业、游戏公司还是人工智能算法公司，都在积极布局元宇宙。

从三个层面前瞻充满想象力的元宇宙

首先，在技术层面，元宇宙是一系列新科技和黑科技的集大成者。许多还没有找到合适应用场景的新科技，在元宇宙爆发的推动下，将逐渐进入我们的工作和生活。这些新科技包括 5G、区块链、沉浸式 VR（虚拟现实）、AR（增强现实），以及越来越火的 XR（虚拟数字人）、数字加密货币等。

可以说，这些新科技大多数人都并不陌生，但迄今为止都没有找到特别好的应用场景，元宇宙有机会把它们串联起来，因为进入虚拟世界需要更逼真的体验，沉寂了几年的 VR 科技一下子火爆起来；在现实世界 AR 能够带来更多的便利，也可能催生出更多有趣的商业可能性，AR眼镜很可能成为 Meta（前身即脸书公司）在智能硬件领域挑战苹果的全新战场；区块链将是元宇宙最重要的基础设施，它的去中心化属性和不可篡改、增进互信的特质，让它成为在不同元宇宙之间，以及虚拟和现实世界之间跨越时，确保数字资产互联互通的重要工具；NFT（非同质化代币）这一同样曾经爆火的概念有可能成为新一代数字资产凭证的标准。

其次，在社群与经济的层面，它促进年轻一代的虚拟社群大发展，将体验经济和注意力经济推向极致。

Z 世代可以说是元宇宙的原住民，因为他们太熟悉游戏创造的虚拟世界。网络游戏是元宇宙最早的接口，给了 Z 世代探索、交流和获得成就感的场景。Meta 和微软高调入局元宇宙，又把体验经济、注意力经济的概念注入元宇宙中去。

如何营造逼真的虚拟工作、生活、社交场景，这是巨头关注的重点。因为在互联网时代"赢家通吃"的巨头绝不会放弃新一代人机交互的元宇宙场景，他们将会思考在虚拟世界中更好的体验会带来什么样的可能性。这不仅仅是把工作、生活和社交搬到元宇宙中去，更是在这种搬迁和跨越的过程中催生许多新玩法。

不过，在这一过程中我们也需要警惕注意力经济升级可能带来的危害。智能手机已经让许多人沉迷甚至上瘾于游戏、社交、购物等等。我们要提防元宇宙制造出更多令人上瘾的陷阱。

最后，元宇宙作为新一代人机互动的平台，可能带来一系列全新的改变。一方面，它将是机器第一次按照人的行为习惯进行人机互动，而不是相反。对比一下，智能手机仍然需要人去习惯触摸屏的输入方式，但元宇宙不再需要，因为在虚拟世界，人的行为和感知就会产生结果。另一方面，它又给人工智能以巨大的表演舞台。未来人工智能在元宇宙中不仅能驱动 NPC（Non-Player Character，非玩家角色），也将是构建和支持逼真虚拟世界运行的驱动力，更重要的是它还可能创造出各种辅助人行动的虚拟机器人。

更进一步，元宇宙又会引发全新畅想。这种畅想可能是"脑机接口"的大跨越，让虚拟和现实进一步连接；也可能是某些科幻作家一直在强调的碳基文明与硅基文明的衔接器。碳基文明是包括人类在内的生化文明，硅基文明则是基于芯片的数字文明，两者衔接的终极目标可能是永恒的欢乐和不朽的生命。

这或许是元宇宙令人脑洞大开的终极原因。

游戏、娱乐、社交和工作都是虚拟现实一直在努力实现的一系列场景。有人评论元宇宙是虚火旺，有人担心元宇宙会吹起又一堆投资泡沫。但从前瞻未来的视角，有必要去分析一下身临其境的虚拟现实，以及物理世界和虚拟世界的无缝连接，到底可能带来哪些意想不到的变化。

还有三个维度的思考

我们可以从三个层面前瞻充满想象力的元宇宙：在技术层面，它可能是将一系列的新科技和黑科技，比如5G、区块链、沉浸式VR/AR、数字加密货币等，进行有机组织的场域；在社群与经济的层面，它推动年轻一代的虚拟社群将体验经济和注意力经济推向极致；在人与人工智能的关系层面，它似乎又能扮演衔接基因进化文明与数字知识文明的连接器。

第一个维度，元宇宙是"升维的互联网"。

什么是"升维的互联网"呢？可以先梳理一下20世纪以来人类获取知识渠道的改变。100年前，广播的兴起让我们更方便通过听觉来获取知识；20世纪50年代电视

◎ 案例一

携程混合办公的实验

携程集团2020年3月1日尝试推行混合办公。在周三、周五这两天，符合条件的员工可以不到办公室，而是在家或者在咖啡厅远程上班。携程是中国大企业和互联网企业当中第一家迈向混合办公的公司。在工作方式变得日益多元、年轻人更追求工作的意义的大环境下，这样的尝试效果如何，值得期待。

如果把携程的尝试放在全球和未来工作场景转型的语境中讨论，可以得出三个观察结果。

第一，混合办公符合后疫情时代全球数字化转型和组织转型的浪潮。因为疫情造成的影响深远，2020年以来远程办公成为欧美企业的标配。即使走出疫情之后，混合办公也成为大多数知识工作者的选择。当然，经过了疫情的压力测试，欧美也尝试出了一整套远程办公的流程，比如如何远程开会、如何远程协作，技术上都不再是挑战，组织上也有了创新。未来，元宇宙如果能带来更方便的沉浸式工作场景，在办公室办公和远程办公的区别将变得更加模糊。如果10年之后，混合办公成为全球企业的常态，自然需要有中国企业率先在国内迈开步子。

关于混合办公，已经有一系列尚未定论的讨论，比如是否能更好地帮助员工平衡家庭和工作？到底是会提升效率还是降低效率？但清晰的是，混合办公符合向知识经济转型的需求。

这种需求体现在两方面。首先，知识工作者的效率提升不再是线性的，不应该再像工业经济时代那样通过衡量输入——靠打卡考勤来确保员工的工作状态，甚至希望通过实施"996"①来让员工在工作上花费大量的时间——预测输出，相反应该直接考核输出。其次，当越来越多的工作是围绕项目展开的，越来越多的工作依赖小团队的协作，从考核输出的角度出发，让员工和小团队在工作流程和组织上有更多自由，推动多元发展，反而是好事。混合办公就给予了这种多元发展的宽松环境，进办公室是为了开会、讨论和协作，远程办公则给予员工一定的自由度，按照自己的时间分配来完成项目。

第二，混合办公流行会带来时间和成本的节约，这也是经过全球企业验证的。对于有孩子的家庭而言，一周有两天在家办公，自由选择工作时间，就能更方便接送孩子，或者花更多时间陪孩子，这基本已成为共识。此外，还有通勤时间的节约和企业办公室租金的节约等好处（讨论还不够多）。

"长安居不易"，尤其是初入职场的年轻人在北上广深这样的大城市，每天通勤时间都短不了，假设每人每天

---

① 996：指某些企业早上9点至晚上9点、一周工作6天的工作制度，泛指企业盛行的加班文化。

两小时的通勤时间，一周少去办公室两次，每人节约的四小时时间可以派上大用场。企业也有节约成本的空间，开放办公、不固定工位在不少企业已经成为标配，如果每天都有一定比例的员工远程办公，企业就能节约不少的办公空间，减少租金成本。当然，更重要的是，随着工作形式的改变，办公室的设计也会发生本质的改变，甚至重构。以工位为主的办公空间很可能在未来会被元宇宙会议室（方便虚拟参与）、社群、团建和协作空间等所取代。既然工作变得更灵活，办公空间也需要变得更灵动。

第三，作为实验，希望携程在一段时间之后能分享混合办公的经验。其实，早在几年前，携程就曾经与斯坦福大学布鲁姆（Nicolas Bloom）教授做过类似的在家办公实验（一周只需到办公室一天），由携程呼叫中心的1000名同事自愿参加。

对比发现，在家办公的员工效率提升了13%，员工也更喜欢工作，辞职率降低了一半。不过，实验也暴露出一些问题，在家办公的人的升职概率相对于在公司办公的员工而言也减半。这就带来了一个困境：显然，不少岗位的人员在家办公可以取得更高的效率，但人是社交的动物，如果长期不在公司露脸，就不大可能得到老板的赏识，晋升放缓也有可能。另一种解释是在家办公虽然可以提升效率，但可能无法提升管理能力，尤其是管人的能力。

布鲁姆教授的结论是，灵活办公，一周在家上班两天，可能是最均衡的选择。携程显然参照这一建议设计出混合办公的新尝试。期待携程也能比较透明地分享实验的结果，分析混合办公在员工效率等方面的影响，同时也总结一下要想让混合办公更高效，需要有哪些管理的创新。

混合办公其实只是迈出的第一步，未来办公室还会有一系列变化。

的出现，从单一听觉感知升级到视听感官结合，是第一次升维；延伸我们身体的智能手机和移动互联网的崛起，从视听感官到可互动的互联网，是又一次升维；而这一次被命名为"元宇宙"的升维则是从简单互动升级为逼真的参与感和沉浸式的虚拟体验，让真正意义上的数字分身成为可能。

怎么理解这种沉浸式的互动参与感？首先，增加了多种感官的维度。在不断进化的 VR 世界中，最显著的升维体现在其他感官的参与。元宇宙的升维——更加逼真的虚拟世界——给了我们更为丰富的体验，从视听延伸到手柄的触觉。未来这种感官的体验会更真实、更丰富，不仅有触觉（手套），甚至会增加全身肢体的感受（已经有人在制造感知背心）。在美剧《上载新生》（Upload）里就有帮助人全身感官体验的服装，覆盖全身好像布满了电线的鲨鱼皮，让现实世界中的人可以与虚拟世界里的人亲密接触。

脑科学的研究特别强调感知推动人类智慧发展的重要性。我们的肢体，并不仅仅是搜集信息的器官，或者执行大脑指令的工具，它们同时也是与世界互动产生智慧的器官。人类需要用脚来丈量世界，用手来探索未知。由此推演，更逼真的虚拟世界可以让我们更自然地利用各种感官的探索来获得新知。

逼真的虚拟世界会让大脑错误地认为这就是真实的，从而让逼真的体验帮助大脑形成"肌肉记忆"，在再次遇到相同情况时产生不自觉的反应。这在现实世界中已经有了实际的应用。

北京的一家驾校就已经开始利用沉浸式 VR 来进行驾驶教学，学员路考的通过率提升很快。原因有两个：虚拟现实可以营造出大量逼真的场景——晴天、雨天、下雪天、堵车、突发事件——这些都可以训练学员的应变能力；在虚拟世界中犯的错误也会留下深刻记忆——如果刹车不及时，出现追尾的事故，一番惊心动魄留下的"肌肉记忆"比教练的多少次训斥都有效。

再进一步，逼真的虚拟世界也可以让人们更直观地去换位思考，用他者的视角观察世界，通过体验来剖析复杂难题。微观世界的纪录片很吸引人，但如果能站在虫子的视角，通过复眼来观察这个世界，感受会大不同。同样，无论是理解生物构造，还是了解太阳系的奥秘，虚拟空间的三维展示会给人完全不同的体验，鼓励人们去探索。

升级版的互联网是解锁元宇宙的第一把钥匙。如果说 2007 年乔布斯发布第一台苹果手机标志着智能手机开启了人机交互新纪元，那么元宇宙的世界将开启下一代人机交互的方式。之前的人机交互，无论是打字还是触摸屏，都是人迁就机器的方式。新一代的交互方式变成了在机器生成的虚拟世界中更自然地按照人的方式去互动，让人在虚拟世界中用手和脚，用身体、味觉、嗅觉、视觉等最自然的交互方式去互动。

第二个维度，由无数个小世界组成一个大的元宇宙。

很多人会问，未来到底会是只有一个元宇宙，还是会出现许多个元宇宙？是不是每个互联网巨头都会制造出自己的元宇宙？如果从升维互联网的思路来推演（一个互联网之上有无数个社群），未来也只会有一个元宇宙，但元宇宙中会包含各式各样的小世界，仿佛一个又一个各异的房间、一个又一个精彩的剧场。

元宇宙是一个大的基础设施，但元宇宙中的无数个世界，每个人都可以参与设计。每个人在小世界中可以互动，也可以带来改变。

创造这一个个小世界需要硬件和软件的持续迭代。相较 2016 年至 2017 年那一波 VR/AR 的炒作，现在，构建元宇宙的硬件技术和基础设施显然已经完备得多。VR 头显/眼镜迭代的速度更快，VR 眼镜可以扫描虹膜来登录，也可以跟踪眼睛的视线来调节虚拟世界的颗粒度、提高视线中图像的清晰度，一体机（不再需要电脑或者手机来驱动）的解析度更高，变得更轻薄。Meta 的目标是把平均每天 35 分钟在手机屏幕上浏览社交媒体的时间，变成每周 35 小时沉浸在虚拟世界中，这就需要连续几个小时戴着 VR 头显既不累也不晕。

更重要的是，搭建一个又一个虚拟世界，需要强大的引擎。游戏其实已经搭建出了比较真实的世界，但游戏中玩家与世界的互动仍然是简单的——《失控玩家》中最大的硬其实是玩家坐在 PC 前的视角和可操控的动作有限，与 NPC 在虚拟世界中的视角和感知至少要差好几个维度。比如那场主人公盖伊（Guy）与人类玩家的吻戏，就语焉不详，很难通过手柄或键盘来表达如此细微的动作。所以，下一步需要把虚拟世界变得更细致，更逼真，才能让人在虚拟世界中更容易去探索。《失控玩家》也让 NPC 变得广为人知。我们可以通过剧本杀来理解 NPC 对于构建元宇宙的世界有多重要。一般人会认为，剧本杀最主要的成本是场地成本，业内人会告诉你，其实剧本杀最大的成本是 NPC。剧本杀之所以逼真，是因为有专业的演员陪着玩家玩，他们其实就是现实世界中的 NPC。问题是，在同一个剧本中扮演 NPC 的工作人员，需要一遍又一遍地重复他们的角色，而这样的角色，如果由 AI 来扮演的话，要容易得多，也经济得多。

元宇宙的一个个小世界，也可以用剧本杀来理解。它让人们可以换上一个数字化身，进入另一个世界——剧情的世界——体验完全不同的人生。如果要让元宇宙的世界达到逼真的程度，不仅仅需要游戏引擎所创造的真实空间，也需要更为真实的虚拟人。

AI 的进步恰到好处。例如 AI 实验室 OpenAI 开发的语言模型 GPT-3 智慧引擎已经展现出下一代人机互动的可能。只要给它一个开头、一个场景、一组条件，智慧引擎就可以写诗、写小说、编程，这意味着很快它就可以替代不少更加复杂的人的工作，也可以更好地与人互动。GPT-3 赋能的 NPC 可以扮演更丰富的剧本杀中的角色，与人类的互动也会真实到真假莫辨。

元宇宙还可能带来更加多元的体验：和你在一个剧场的人，可以是来自各个不同地方的不同肤色、背景和阶层的人，AI 的翻译也会让跨语言、跨文化的交流更顺畅。不过要保证这样多元的效果，自然也需要元宇宙的第三个维度。

第三个维度，元宇宙确保不同的小世界之间互联互通。

元宇宙作为下一代互联网，其特点就是要保证元宇宙里面千万个小世界能够互联互通。

小世界的互联互通，需要有一个共同的介质。作为去中心化信任机器的区块链就被很多人认为是确保元宇宙共同平台的重要介质。互联互通最基本的要求是，在一个小世界中获得的虚拟产品、虚拟财产、虚拟装备，在另一个小世界中仍然能通用。这就需要有通用的货币、通用的关于私有财产保护的准则等等。

目前，不少研究者的出发点是如何在虚拟世界中实现现实世界中关于财产和占有的概念，在虚拟世界中引入现实世界的商业规则。不可否认，在虚拟世界中快速致富会是推广元宇宙的一股巨大推动力。比如，元宇宙作为一个概念受到追捧的典型标志就是各路资金都在追逐元宇宙概念的公司。在虚拟世界，这样的追逐只会变得更容易、更火爆，当然也会带来更多的波动和更高的风险。

这种互联互通甚至还可能让"穿越"成为可能。元宇宙的世界是一个被完全记录的世界。想象一下，如果2007年乔布斯发布苹果手机的发布会在元宇宙中直播并留存下来，你可以在十几年后穿越到那个时间现场，以第一视角看到乔布斯改变世界的时刻，同时也可以——如果你感兴趣的话——观察那1000多名有幸在现场见证这一时刻的每一名观众的表情。

在互联互通的维度去探讨元宇宙，会延续之前移动互联网时代对一系列议题的讨论：如何打破平台垄断的问题？如何在虚拟世界保护隐私？虚拟世界会因为更富足——毕竟无论实和虚的东西都唾手可得，你可以选择开一辆兰博基尼跑车，也可以要求添加宋徽宗的书法能力（是否需要付费？怎么付费？元宇宙的商业模式还有待进一步讨论）——而变得更平等也更平均吗？

当然，最重要的议题或许是：在日益逼真却极丰富的虚拟世界，到底需要保留哪些现实世界的法则？又可能演化出哪些全新的行为准则？

要实现与现实世界一样逼真体验的沉浸式虚拟空间，元宇宙需要硬件、软件和平台的升级，需要更多的创作者来与巨头抗衡——UGC（User Generated Content，用户创造内容）的小世界能否与现有互联网巨头和游戏平台竞争，取决于此——需要更多参与者来尝试全新的应用场景，当然也需要更多的资金投入。

从这一意义上来讲，元宇宙的爆火，可以被认为是实现梦想的极大助推。

关于 Web 3.0 的思考

类似 Meta 这样的巨头高调入局元宇宙，因为它们希望将自身的统治力延续到 Web 3.0 时代。它们已经构建了无缝互联互通的平台，希望在新一代互联网平台上将这种互联互通进一步强化。

Web 2.0 是平台思维，是搭建 UGC 的平台，同时也是强化眼球经济和上瘾（创作者经济）的平台。这种平台思维与 Web 3.0 最大的区别就是，Web 3.0 的时代需要以用户为中心，需要虚拟资产的可携带性和跨平台性，需要互联互通。

互联互通历史上也存在过，不过比较简单。比如，不同运营商之间的手机可以互联互通，相互发短信，打电话的资费也统一（比如被叫免费）。但语音是一个非常简单的平台，其他要难很多。

互联互通，可以跨平台共享，减少消费者/用户对特定平台的依赖，也减少网络效应产生赢家通吃的局面。

Web 3.0 的世界，期望找回互联网的初心，做到"以人为本",实现彻底地去中心化,让普通人能够再度掌控虚拟世界的主导权。

2022年初上映的《黑客帝国》系列第四部《矩阵重启》(The Matrix Resurrections)没有能够很好诠释从Web 1.0到Web 3.0的跨越。反乌托邦地去继续演绎机器控制的世界已经落伍,因为现实已然发生巨大变化:都市不再是尼奥或者孟菲斯这样的"反叛者"最好的藏身空间,在摄像头和人脸识别无处不在的大都市,就是有再多的"门"可以让反叛者在不同的空间中跳跃,追捕者也很容易发现他们,大数据的天眼更是让他们无处遁形。

《矩阵重启》所演绎的仍然是老套的反叛军与无所不能的AI统治者之间的小打小闹,浪费了一个利用"重启"来对人工智能、元宇宙和人类未来再前瞻的机会,甚至缺乏对过去20年Web 2.0时代商业模式的反思,比如眼球经济、监视资本主义、上瘾,都无从涉及。

用游戏来做比喻的矩阵世界仍然是非常中心化的,仍然是中心化的设计者、管理者、操控者与个人主义的黑客之间的争斗,但黑客——至少传统意义上的那种独行侠式的黑客——已经不流行了。Web 3.0的世界是每一个游戏参与者——无论他选择吃下红药丸还是蓝药丸——都希望有更大的主导性，而不是随波逐流的时代。

当然，AI/算法统治的世界如果被推向极致又将如何？会产生什么全新的复杂重叠？过去5年应该说是AI/算法高歌猛进的时代，各家机构都在努力去攫取更多个人的数据、行为的数据、电商消费的数据，为的是能更好地为消费者提供更精准的推荐，最好能够让他们上瘾，在平台上刷出更多的时间。消费者的注意力成为平台上贩卖的商品，这是过去几年批评者关注的要点。这样算法驱使的世界如果叠加在矩阵之上，会产生什么新的涟漪呢？

试举一个"开脑洞"的畅想。在矩阵中如果还存在自由意志的可能性的话，会不会出现打着去中心化的旗号挑战矩阵主导者的新兴势力，他们争夺对吃下蓝药丸的人类的影响力，却对虚假的真实毫不知情，直到某一天真相大白……

基辛格和谷歌前主席施密特在合著的新书 *The Age of AI and Our Human Future*（《AI 时代与我们人类的未来》）中特别强调，理解 AI 给人类带来的变化，不能从单一视角去审视，单纯让科技自由发展，否则会带来一系列的问题，因为"意想不到的后果"比比皆是。AI 的持续进步一定能带来一系列的改变，对人、组织和国家而言，都需要学会与机器共舞。

理解元宇宙和 Web 3.0，必须关注到更底层的逻辑变化——即时数据正在深刻地影响着未来的经济发展。

2.3 即时经济：数字化转型的终局？

人工智能与大数据的大发展，云计算变得像水、电、煤一样普遍，即插即用，Web 3.0 所推动的去中心化，凡此种种都给整个经济的发展以及企业的发展带来全新的可能性。"即时经济"这一概念比较好地诠释了这种改变。

首先，即时数据变得越发重要，它为企业管理者和政策制定者提供了更真实的决策依据。

无论是斯密还是凯恩斯或弗里德曼，都在强调经济学的研究对象是作为"看不见的手"的市场和作为"看得见的手"的政府，以及两者如何推动发展的问题，但 2021 年诺贝尔经济学奖三位得主的研究则让人们认识到了经济学实证研究的重要性，其中一位获奖学者卡德就是利用自然实验的方式来研究提高最低工资标准对地方就业的影响。后疫情时代也将是一个即时经济的时代，随着大数据、人工智能、物联网技术的发展，更多的即时数据可以被经济学家和企业的决策者掌握，同时，即时数据也将成为管理的重要工具。

其次，随着万物互联，未来即时数据将变得更加易得。

即时经济得益于比特（bit，信息量的最小单位）技术的高速发展，也就是实体世界的运行状况以数据的方式被人们利用虚拟技术来捕捉和分析。这一趋势在近年来发展得更加迅猛，俨然成为一股浪潮。比如在投资领域很早就受人关注的"另类数据"。随着发射小型卫星的成本变得越来越低，覆盖全球的观测小卫星网络也越来越发达，甚至可以捕捉沃尔玛超市停车场上的车流变化，或者一个港口的船只出入频次等传统数据采集方式没有注意到的"另类数据"。一些投资者便可以根据这些"另类数据"，提前推算出零售业的相关指标或者航运物流的相关指数，然后做出对应的投资决策。万物互联的时代，将继续加速即时经济的发展，不仅给投资者提供了更多分析企业数据的手段，也为企业的管理者提供了实时响应的管理工具。

最后，即时经济让彻底贯彻设计思维成为可能（在第六章中会详细介绍设计思维）。参与感变得尤其重要。简而言之，即时经济让消费者更深入参与到整个产品和设计的流程之中。

企业不能等到自己的产品日臻完善才去推广，需要在市场上接受检验。很多产品一炮而红：亚马逊和奈飞创业早期都有新内容上线第一天遭遇服务器宕机的经历，这当然是它们的幸运。但更多企业可能是一炮不红，不温不火，甚至是"叫好不叫座"，这就需要企业管理者花更多时间了解用户的需求，跟着用户，观察他们的行为，调整甚至否定自己的预期。

举几个现实中的案例。

大数据给了创业者实验和不断迭代的机会。

在线提供舞蹈课程ClassPass的创始人卡达起亚（Payal Kadakia）发现，自己在平台上接入了上千门舞蹈和健身课程，访问量很高，但在线成单量却寥寥无几。为什么？或许用户并不知道自己想要学什么，即时买单比较难。卡达起亚推出了一个30天免费尝试10门课的优惠月卡活动，一下子爆火，领取月卡的人数激增，甚至一个月的使用期到期之后，还有人用新的邮箱注册新的账号，领取新的月卡。

用户造假来"薅羊毛",是好事还是坏事?卡达起亚没有像很多创业者那样,觉得自己吃亏了,也没有决定跟"薅羊毛"的用户斗智斗勇。她仔细分析了用户的行为数据发现,用户之所以有这样的行为,是因为自己之前商业模式的假设错了。支撑免费试用月卡的假设是,用户在体验了不同课程之后很可能会选定一个课程长期上课,免费试用就是为了让用户在广泛体验之后找到自己的兴趣点。但用户的行为告诉卡达起亚,自己的假设可能错了,用户换账号申请免费月卡,其实是对长期训练一门课程兴趣不大,可能就是喜欢乱搭一些课程。当她据此提供包月服务,90美元每月可以任意上10门课的时候,月卡一炮而红。

即时经济给予创业者更多的用户行为数据去分析,但也需要创业者能够拥抱"反向思维"。创业者的工作时间需要二八分配,出了大问题一定要去"救火",另外一些小问题,不可能面面俱到。还有一类问题,也就是后续章节中会提到的"第一性原理"。涉及整个商业模式最本质的假设问题,一定要花时间仔细研究和思考,因为商业模式的假设错了,再努力都是全盘皆输。即时数据给了创业者很好的研究基础。

但这并不是全部。有了月卡，就需要去了解月卡背后用户的使用情况。因为企业成长性的考核会逐渐从拉新用户转向用户留存。用户为什么会离开？一个很大的原因是用户并没有完全体验卡中的课程，觉得性价比不高。这也是长期以来健身房的商业模式，在立志健身时很多人信心满满，但一年真正坚持下来经常去健身房的人并不那么多，因此，健身房的销售可以开发比自己健身房满员能提供服务的人群多一两倍的会员。但 ClassPass 恰好要颠覆传统健身房的模式，对它而言，如果用户觉得性价比有问题，企业发展的可持续性就会出问题。

卡达起亚的应对方式是提出问题，然后用大数据分析加做实验的方式看清楚问题节点。为了了解月卡用户到底用了几节课，她通过分析数据发现：大多数用户都没有用满 10 节课。然后，她又做了一次实验，提供可以无上限约课的超级月卡，看看新用户到底会用多少节课，最终结果表明，用户都是一个月约 5 节左右。这就给了卡达起亚一条新思路，提供更便宜的月卡，每月约 5 节课，贴近更多普通用户的需求。

其实这也不是什么新思路，本质上是顺应用户的行为习惯，提供不同使用层级的月卡。即时经济所做的不过是掉转了思考的顺序，从用户的行为出发。

不过，任何实验都会有意想不到的"惊喜"。有很多用户喜欢无限卡，但无限卡价格更高，需要涨价。用户又不喜欢涨价，怎么办？

美国在线支付公司 PayPal 当年就有类似的经历。在最早期的推广过程中，他们采取最简单粗暴的拉新做法：拉来新人，奖励 10 美元。拉新效果很好，但每月需要投入上千万美元。为了止血，创业团队开始讨论不再给奖励。但他们都很清楚，如果这么做，消费者会很不喜欢，甚至会给自己招来骂名。

最终，当时担任 CEO 的彼得·蒂尔想出了一个折中的办法。奖励 10 美元不变，但是需要消费者做更多的工作：绑定并开通银行账户，同时在 PayPal 支付账户中要存上 10 美元。但要在未来的某次超过 20 美元的交易中，才可以抵扣 10 美元。需要消费者做的工作多了，但并没有改变奖励的实质，其结果却是烧钱幅度骤减，因为额外的工作把那些真正可能使用在线支付的优质用户与"薅羊毛"的用户做了清晰的区分。

其实，"即时经济"并不是特别新的概念，在互联网出现的早期就已经被践行。当时，即时经济被总结为：观察用户的行为比倾听更重要。

即时经济最早的应用是谷歌页面的设计，到底是放 10 个搜索结果，20 个，还是 30 个？用户问卷的反馈是 30 个。但这并不是用户的真实想法，而是用户贪多的心理在作祟。实际用户的行为告诉谷歌，一页列出 10 个搜索结果最好，30 个最差。因为在网速仍然很慢的 21 世纪初，10 个搜索结果一下子就展示出来了，30 个搜索结果则可能要多费一些时间，但这足以让用户觉得不耐烦。当然，更重要的是，因为谷歌的算法比较先进，最早的 10 个搜索结果就已经能比较好地满足用户的需求了。

可以说，从未来 10 年的时间跨度来看，即时经济将是数字化转型的终局（在本书第五章里，我们会仔细讨论什么是终局思维）。

2.4　技术推动的办公室变革

新冠肺炎疫情加速的数字化转型，以办公室革命最具代表性。远程办公的技术，包括视频会议、多人在线协作等工具早已完善，移动互联网和智能手机的普及也让应用

◎ 案例二

本田在美国开工厂

1980年初，本田决定在美国建厂。当时日本汽车已经确立了"价廉物美"的品牌形象，本田的生产模式也大规模借鉴丰田模式。问题是，日本制造的模式能不能在美国复制？

本田在美国选址时，着眼于美国中西部农村地区，希望找到质朴的工人，颇有点曾国藩练兵首选湘乡憨厚的农民的意思。这时，俄亥俄州州长风闻有日本汽车企业要在美国开厂，二话不说带着助理坐上第二天的班机就飞到东京，登门拜访日本各大汽车公司，其决断力与急切心态让人瞠目。最终本田小步试探，在俄亥俄州建了一个摩托车厂，招募的员工也大多来自哥伦布郊外的乡间，共有64名农民出身的工人，号称"六十四罗汉"。

开工的第一个星期，工人们只是忙于打扫卫生，油漆墙壁。之后的一个月，每天只装配三四辆摩托车，装完后再把摩托车全面解体，团队一起检讨装配的质量。到了本田决定建汽车厂后，第一个决定就是从"六十四罗汉"中选出几人赴日本实习训练。而这帮憨厚的美国人竟然还要问本田团队：哥伦布附近有机场吗？原来他们全都是第一次坐飞机，第一次出国。30年后，"六十四罗汉"中已经有人升为本田美国工厂的总经理。

◎ 案例三

日本制造的"南橘北枳"

同样是20世纪80年代,美国本土的通用汽车受到日本和德国汽车的冲击,也开始学习丰田的管理模式。

与丰田强调小团队,强调小团队创新改善工艺、提升质量的流程和考核标准不同,美国汽车制造一直是延续科斯的"科学管理法",强调分工,将每个人视作流水线上的螺丝钉,实行计件工资制,考核的主要目标是产量。

从产量向质量的转变,并不容易。

通用汽车学习了一段时间之后发现,虽然自己在大力推进精益化管理、零库存管理,但生产线上的工人却总是把一小部分零部件藏起来,藏在自己的更衣室里,或者只有自己知道的某个角落。原因并不难找到:如果一旦因为缺少零部件导致生产线停工,工人和他们的各级领导都会受罚。囤积一部分零部件就是为了让自己能够在出现紧急情况的时候不停工。

之所以出现"南橘北枳",根本上仍然是考核没有发生变化。虽然通用汽车的领导层都认为日本模式是好的,要学习,但是考核的主体仍然是产量而不是质量。基层的工人只好"上有政策,下有对策"。

到了21世纪初,当通用汽车把工厂开到了没有工会主导的南方,尤其是工资低得多的墨西哥的时候,观察者发现，这里的工厂无论是质量还是效率都高于底特律的工厂。一个主要原因就是这里并不需要去改变原有或长期养成的工人的习惯，可以从一开始就打造一个丰田式的管理模式。

特别方便。但恰如在本章开篇时提到的，技术发展和突破容易，改变人的工作习惯和观念却很难。新冠肺炎疫情恰恰加速了这一改变。

有前瞻能力的投资者如果懂得提前布局，就能赚得盆满钵满。比如在 2019 年，大多数行业都已经被互联网所颠覆了，唯独电信行业还很滞后，红杉资本就选择投资三个互联网会议视频的企业，包括后来大红大紫的 Zoom（视频会议软件），这就是一种前瞻能力。

后疫情时代，混合办公，即允许员工一周有几天时间在家远程办公，在欧美已经成为常态，这会带来一系列团队管理和协作的变革。

未来办公室三个方面的变化

在过去，办公室是员工工作的地方。现在，关于办公室的种种构想争相引起人们的注意。有些人认为办公室是个新的团建场所，目的是让人面对面聚在一起，这样他们就能去做远程工作难以达成的事情：建立更深入的关系，或就特定项目展开实时合作。

换句话说，那种让人们日复一日跟同一批同事坐在拥挤不堪的办公桌前的布局太过时了。

首先，取而代之的是更多的共享区域，或者"社区"，让同一团队的人可以灵活地在一起办公。

其次，要为元宇宙式或虚拟实境式的混合办公做好准备。未来装备了大量摄像头、屏幕和麦克风的小会议室数量会猛增。因为除了现场参与者外，会议还必须服务虚拟参与者。

最后，重构办公室需要对空间的多样化组合大开脑洞。酒店和家的比较就很容易引发思考。酒店的空间基本上都是客房，而家被认为是一个供家庭成员在多年里相聚的地方，容纳了许多不同的活动。当然，不能把办公室当作家来设计。但值得思考的是如何改变办公室功能的单一性，给办公室的空间设计和组合增加灵活性。

任何事情都不是绝对的，都是进两步退一步。

为什么新冠肺炎疫情刚刚好转，许多投行就忙着赶交易员回总部上班？疫情是一次非常好的自然实验，去探索到底哪些工作其实是可以远程完成的，哪些工作是需要大家聚在一起才能完成的。交易员的工作就是一个很好的样本。早在十几年前，交易电子化就意味着任何一个人带着一台彭博终端就可以很方便地在家交易。但为什么投行、投资公司仍然需要这些人在公司上班呢？

简言之,在公司上班有三个方面的好处。

首先是碰撞出火花。独自一人操作没有任何问题,缺乏的是那些独处时无法知道的却有极大价值的信息(未知的信息),比如在偶尔交谈或者听到他人谈话时,突然迸发出来的灵感。

其次是对新人的培训,这一点也非常重要。没有团体的行动,新人是很难从"老师"身上汲取到优点的。所以,人与人之间的这种互动,一部分在语言的交流,这可以被远程视频会议所替代,另一部分却是"尽在不言中"的那种观察和领悟。

最后是一个群体的文化的形成。人是群居动物,一个人所处的环境决定了他的性格。对环境的理解,了解团队讨论的语境变得特别重要。

2.5 拥抱指数增长和指数经济

无论是"元宇宙"概念的兴起、Web 3.0 给数字经济带来的变革,还是人工智能和大数据作为通用技术的普及,以及随之而来的知识工作者混合工作的流行,都意味着未来数字经济的发展不再是线性的发展，而是指数级增长。

为什么未来将是指数级增长？简言之，指数级增长是三种定律叠加的结果。

首先，芯片发展所遵循的摩尔定律，将使电子产品中的元部件越来越便宜，算力发展从芯片时代一直持续到算法时代；其次，网络经济所遵循的麦特卡夫定律，即网络的价值与加入网络的用户数的平方成正比，其带来的"乘数效应"更明显；最后，前两者叠加产生了幂定律，即创投长尾所产生的影响力惊人，带来至少百倍的收益。

摩尔定律和麦特卡夫定律的叠加，导致了数字经济中投资的两大重要变化：在任何一个细分赛道中，先发优势越来越明显；在任何一个细分赛道中，尽快地脱颖而出，利用摩尔定律和麦特卡夫定律形成规模越来越重要。因此，幂定律揭示的是数字经济的风口逻辑——风来了，猪也能飞上天。

如果说摩尔定律强调的是计算能力的翻倍增长，麦特卡夫定律揭示的是网络随复杂度的提升而释放出惊人的创新能量，幂定律则是技术推动创新、创业发展背后的元动能，其本质就是在数字经济中加杠杆的结果。

在数字世界加杠杆，就是要利用数字世界的"网络效应"，即复制成本几乎为零的特点。在网络效应下，企业的影响力、传播力、数字产品和服务的边际成本都很低，企业可以借助这种杠杆来树立自己的影响力，并将其变现。

风投行业（VC）是展示幂定律效果最具代表性的产业。幂定律在风投行业的应用就是快速规模化，推动飞轮，扩大先发优势，最终实现赢家通吃。此外，幂定律还可以用期权来解释：做空的收益只可能是股价降到0。也就是说，风险投资的成本就是资金本身，但买对未来的收益却没有上限。

当然，VC被诟病的一点，尤其是中后期成长基金的加入，强化了VC行业的"造王"功能，被最大资金追捧的企业最终赢得市场主导地位，而排名二、三的企业很可能只能喝汤。在这种烧钱模式下，最终胜利的企业并不一定是最优秀的企业。这对整个生态的打击也是严峻的。以上都是不容回避的问题。

组织的发展也需要考虑幂定律。在知识工作者扎堆的网络组织中，优秀的员工与普通员工相比，他们带来的贡献很可能是10倍，甚至100倍。在硅谷的企业，长久以来都希望找到有跨界专业能力的员工，一名优秀的程序员所完成的任务可能抵得上一个小团队的工作量，或者解决一群人无法解决的问题。在创意领域更是如此。挖掘能够推动企业指数级增长的员工，给他们指数级的激励，都是幂定律在商业场景中的运用。

随着技术的进一步演进，三种定律的相互影响也会发生细微的变化。比如在数字经济时代，算法的摩尔定律与人工智能的网络效应进一步叠加。

对比一下100年前网络效应和当下数字经济产生的连接，会发现已经有了极大的跃升。100年前，随着电话公司用户的增多，每个用户可能产生的连接也越多，每个用户的效用呈现出乘数级的增加，这是典型的麦特卡夫定律在起作用。

数字时代带来的全新的改变，网络平台不仅仅提供连接，还通过机器、AI、算法来提供洞察，用户不仅仅是产品或服务的使用者，也是大数据尾气的提供者和算法洞察的原材料。

百度地图就是很好的案例。作为一款叠加道路信息的数字地图，只要有众多使用者，百度地图就能依赖历史数据、用户选择、道路实时变化、用户的出行意愿（搜索信息本身就表达了意愿）提供更好的服务。不仅提出更快捷的出行方案，而且还能动态提示实时路况变化。没有越来越多的使用者，就不可能搜集到海量的数据尾气（人们的出行历史和出行意愿），网络平台就不可能产生巨大的"网络效应"。换句话说，网络平台就是一个聚合越来越多消费者的持续变化的超级数据库，消费者不断贡献数据同时又能动态受益。当然，元宇宙的虚拟实境，最终将模糊虚拟和现实的边界。

三个定律叠加，催生了指数经济

指数经济具有三大重要特征。

首先是技术的加速迭代，新技术层出不穷。

其次是指数企业的出现。 从传统的围绕价值链（围绕生产、产品）的企业演变成平台型企业——轻资产，强调匹配和连接的高科技平台。平台型企业因为不再受到物理资产的束缚，可以充分发挥数字经济的网络效应，爆炸式增长。

最后是给既有的经济和社会组织带来巨大冲击力。 指数鸿沟（Exponential Gap）明显，分化激烈。分化体现在几个方面：指数企业与传统企业的分化，企业和知识工作者的快速变化与机构和体制的慢速变化之间的分化，知识工作者与普通劳动者之间的分化。

指数鸿沟的例子很多。比如，平台型企业推动共享经济的发展，将工作在平台上分包，解构了工业时代所形成的一系列围绕工作的规则：社会保障、最低工资、雇用的责任，等等。

平台型企业内部的员工呈现出明显的两极分化。优步的程序员平均年薪14万美元，优步的司机每年只挣3万—4万美元。其他的大型平台企业也是如此。比如脸书外包的内容审核员拿着最低工资，亚马逊配送仓库里的工人也拿着最低时薪。在指数经济时代，最大的矛盾是工作岗位的分化，受过高等教育的可以享受更高、更灵活的工资；没有受过高等教育的则不同，不但工资少，就业岗位也不稳定。

指数鸿沟也反映了数字经济时代面临的两大重要的变化。

首先是技术的变革在加速，这将导致环境不断发生巨大的变化，也要求商业在剧变的环境中必须不断应对全新的挑战并抓住涌现出来的新机会。

这种变化给组织提出了三个重要的要求：第一，不再有全知全能的人，没有谁能了解和追踪所有的变化，群策群力变得非常重要，组织需要尽可能多地利用集体的智慧，我们也把它称为"众包的智慧"；第二，因为变化剧烈，要求组织能够有快速的反应能力，这对习惯于自上而下、习惯于执行却缺乏思考能力的个体组成的组织是一大挑战；第三，组织在剧变的时代最看重的是创造性解决问题的能力和创新的能力，组织需要为拥有这种能力的个人和小团队赋能。

越来越多的组织将变成知识密集型的组织，而知识经济的运行法则、知识工作者的协作机制，与大规模制造的工业组织截然不同。创造力和创新是推动知识经济发展最重要的引擎，要释放创造力并鼓励创新，就需要充分调动人的自主性和判断力。

在数字加速推动变革的时代，组织如何转型，是下一章将要讨论的主题。

第三章

组织——推动变革的基础设施

▶ 引子：柯达衰落的另类解读

商业历史上有太多因为无法适应快速变化的世界而落伍的例子。经常被提到的有柯达（Kodak）和诺基亚（Nokia），前者在自己的工程师率先发明了数码照相技术之后，却无法推动革新，终于在数字革命面前败下阵来；后者则曾经在非智能手机时代如日中天，却无法跟上智能手机的步伐，几乎覆灭。当然，这些都是事后的总结。但更关键的是，柯达和诺基亚的管理者在当时是怎么思考的？为什么会犯错？犯错后又无法及时调整，是"船大掉头难"吗？

柯达的失败，可以总结出许多原因，但究其根本，是工业时代的大企业无法从大规模生产跨越到知识经济时代所需要的大规模创新。

大规模生产依赖的是定义清晰且毫无变化的产品和市场，大规模创新却由一系列不断变化的买方和卖方行为构成。柯达失败的原因并非柯达的管理者缺乏抱负或远见，而是他们采用的是传统工业时代的管理模式。工业时代的商业生态圈几乎无法做到紧跟市场步伐，因为它本质上是厂商主导的，而不是消费者主导的，从整个管理结构上无法快速觉察消费端需求的变化，更无法实现向大规模创新的过渡。此外，那些支持规模经济发展的投资和策略，即便没有完全遏制企业的灵活性，也对其造成了极大的阻碍。由于新竞争对手来自行业之外，工业遗产成为拖累，一味守成不能构建有效防御壁垒。

如果简单地把失败归咎于决策者的战略误判，就会忽略外部环境正在发生的大转型，以及来自传统竞争对手之外（也就是常说的"赛道之外"）的"野蛮人"的冲击。如果简单地把失败归咎于处于市场主导地位的在位者的自满与自大，就会忽略企业组织在成长过程中的脆弱和僵化。这些做法显然无法真正从失败的案例中吸取教训。

商业场景中最主要的矛盾是"大"与"快"，即规模和创新之间的矛盾。而柯达和诺基亚除了需要解决这一对主要矛盾之外，还需要应对整个产业正在发生的剧变，以及从工业经济向知识经济的大转型。它们的挑战，也是许多成功企业正在面对的挑战。如果说未来 10 年和此前经济发展有什么最大的不同，那就是剧烈的变化变成常态。

新冠肺炎疫情只是我们面临的一系列"黑天鹅"事件中的一个,俄乌战争给了我们巨大的警醒。面对变化,需要有危机意识。"危机"这个词很好,因为它的一边是危险,一边是机会,很好诠释了变化对我们每个人的工作和生活意味着什么。

人与组织都需要变革,最重要的是构建适应力。

3.1 相对于效率,适应力与韧性更重要

什么是适应力?适应力就是企业或个人在面对剧变的环境时,保持其核心目标和完整性的能力。进一步来说,适应力是对变化的抵抗力、对系统的恢复能力,当然还有坚持目标抓住机遇的能力。具备适应力的企业或个人一方面不会因为外部环境的改变而被改变甚至被打垮,另一方面也有韧性来抵御冲击,有灵活度来抓住机遇。

适应力具备三个重要的特点:多样性、模块化和冗余。

第一是多样性。 我们可以从生物学角度来理解多样性。一般来讲,一个生态系统如果具备多样性,就不会

被同一种病毒全部打倒。人类历史上就有过深刻的教训。1845年，因为爱尔兰广泛种植北美的一种高产土豆，突发的真菌疫情导致这种土豆绝收，引发了爱尔兰大饥荒。如果当时爱尔兰的农作物是多样化的话，或许能够避免上百万人饿死的惨剧。

第二是模块化。把流程分解成相互联系但又可以分割开来的不同模块，把组织也细分成相互联系但各自负责的小团队，在出问题的时候，组织可以针对特定模块做出响应和处理而不影响其他流程模块，小团队则可以更快更好地去试错，试错出了问题也不会构成系统性风险。

第三则是冗余。关注效率的管理者不喜欢冗余，而且特别希望削减冗余。因为冗余本质上就是额外准备的东西，以备不时之需。但是，增加恢复力特别需要冗余。冗余在自然界很常见。比如，拥有一个肾脏完全可以存活，但我们每个人都有两个肾脏。抵御"黑天鹅"风险，企业的管理者必须为企业增加"战略冗余"，尽管这种"战略冗余"在平时看来可能是浪费的。

从另一个角度来讲，强大的适应性也是高韧性的体现。"高韧性"一词，很形象地表达了在潜在的危机和剧变面前，如何做到预测、抵御、适应、恢复，乃至进化迭代。简言之，高韧性能够帮助我们抵御风险，走出危机，应对变化，创新迭代。

高韧性其实是对过去社会、组织和个人过度强调效率的纠偏。

我们面临两种复杂问题：一种是如何借鉴最佳实践经验、整合资源来提升效率；另一种则是如何集合多元智慧，实验试错，创造性解决未知难题。新冠疫苗的生产和配送，与新冠疫苗的研发就凸显了两种问题的区别。解决疫苗研发问题需要创新，解决疫苗的生产和配送则需要提升效率。

新冠疫苗的生产和配送是个复杂难题，却有正确答案和最佳实践，可以"抄作业"。换句话说，它可计划、可管理、可控制、可重复，有规律可循也可以预测。

新冠疫苗的研发也是个复杂的难题，却没有正确答案。对于这一全新的挑战，没有哪个研究机构拥有全面完备的信息，科学家都需要在未知领域中去探索，很小的改变就可能带来巨大的变化，很多决定都会带来意想不到的结果。但恰恰因为具备高韧性，一方面有像 mRNA 这类新技术的长期研发积累，另一方面也有像美国政府推出的"曲速行动"（Operation Warp Speed）这种史无前例的疫苗投资，全球许多国家的十几个团队都在短时间内取得了疫苗研发的突破。

新冠肺炎疫情凸显了解决后一种复杂问题的重要性，恰恰这种应对未知问题的能力和创造性解决问题的能力，是高韧性的核心。

从企业管理的角度进一步阐释，适应性首先是抗打击的能力。可以总结为两个词：分散、缓冲。分散的意思是组织由小模块组成，缓冲的意思则是"有备胎"。分散和缓冲可以让组织在遭遇打击时避免出现系统性崩溃。

模块化组织的作用体现在功能和财务两个维度上。在功能上，模块化组织让小团队可以快速试错，灵活反应，一旦出现错误也不会危及组织整体；在财务上，模块化组织则是类似"现金为王"的概念，在危机中是否有足够的现金储备常常决定了企业的生死。同样，危机也往往是低价并购优质资产的良机（所以现金储备的价值可能比平时更大）。模块化结构正是以一种冗余的方式提供了抵御一连串灾难的缓冲区。

站在制造业的角度去理解冗余也很重要。制造型企业有一个常用概念"Just in Time"（零库存管理），体现了效率优先的原则，供应商的零部件在组装时才送过来。去年开始的芯片短缺严重冲击了零库存管理,让许多企业都开始思考拥抱"以防万一"的管理。这是一种讲求韧性优先(不只是效率优先),而且有应变能力、有紧急处置能力的管理方式。"战略冗余"强调的就是在危机之中建构的能力。在企业管理中引入"战略冗余",也被称为向"Just in Case"(以防万一)的管理模式转变。

其实,这种对零库存管理的反思在2011年日本海啸之后就已经开始了。一些因海啸受损的零部件厂商无法开工,迫使丰田(Toyota)必须在最短的时间内找到备用厂商(冗余),它利用自己庞大的供应商体系和供应商的高信任关系,在短期内推动了一些供应商转型,补上了短板。这也显露出丰田模式在剧变时代的韧性。如果不做改变的话,缺乏韧性就会脆而不坚。

站在宏观经济的整体视角来看,适应力有助于解决经济的脆弱性问题,尤其是当经济面临多变的外部环境的时候。什么是经济的韧性?韧性是抗打击能力,是经济从外部冲击中迅速恢复的能力,也是经济中的主要组成部分——企业和劳动者——能够迅速重新组织、恢复生产和生活的能力。这也是为什么网络组织会变得越来越重要,因为它具备应变能力,尤其是对外部环境发生剧变之后的反应能力。

在一个剧变的时代,组织变革的重要思路就是从一个追求效率、令行禁止(执行力强)的组织,变成一个强调韧性和创造力、发挥每个组织成员能力的全新组织。当然,这也是我们进入后工业时代管理知识工作者的全新方式。

3.2 组织的进化:从泰勒主义到特斯拉模式

技术变革需要辅之以相应的组织变革,这是人类组织发展的经验之谈。新的组织模式与新环境相适应,使新技术有效推动经济的增长。如果简单回溯一下工业革命之后人类组织的变化,我们就会发现它与技术变革息息相关,但又会有一定的滞后性。

第一次工业革命,蒸汽机的使用推动了机械化生产,机器增强了人的力量,出现的大规模工厂也呈现出围绕蒸汽机这一主要动力源的中心化布局。

进入20世纪,电力替代蒸汽动力的第二次工业革命推动了全新的组织形式,福特汽车公司是第一个贯彻泰勒主义的大企业，发明了流水线，生产效率大幅提升，成为现代工厂的标准模式。当然，在这一过程中，工人日益成为流水线上的螺丝钉。传统作坊里的工匠可以学习制造工艺的全过程，因此，他们更有自驱力，经验丰富的工匠还能形成匠人精神。流水线上的工人则很容易发生异化，在不断重复的劳动过程中耗尽心力，却无法提升技能。福特给流水线工人开高工资，可以从多方面解读，甚至有观点认为这是帮助福特培养有购买力的用户，但用薪酬激励去抵御繁重的重复劳动同样不能忽略。

第三次工业革命的代表是电脑的广泛使用，让数据分析变得更容易也更普遍，这给了以丰田为代表的新一代制造商管理变革的机会。丰田的主要目标是希望推动精益生产，提升生产效率，改进产品质量，降低残次品率，而做到这一点却有两方面的抓手。

其一是前面已经介绍的零库存管理。通过数字化分析手段，减少零部件的库存，降低库存的资金占用，发挥供应链的优势，让各路供应商伴随主机厂起舞，并且逐步演化成为按需生产的模式。其二则是赋能生产线上的工人，也就是对泰勒主义的修正。丰田流水线上的工人不再是螺丝钉，相反赋能员工成为重点，丰田为此发明了专门的

"看板"机制。员工在流水线上看到任何问题，都可以随时拉闸，让流水线停下来，解决问题后再开工，而看板则是对流水线上各种问题的梳理和展示。两大抓手，前者强调效率优先，后者则聚焦如何创造性解决问题，推动效率和质量的逐步提升，同时也开始挖掘人的自主性，真正赋能一线员工。

进入 21 世纪的第二个 10 年，第四次工业革命如火如荼地展开。这次革命所带来的技术革新是算力的持续提升，通信技术的不断迭代，智能手机带来的各种芯片、零部件的小型化，让物联网和万物互联成为可能，也让即时数据得以广泛地运用。基于大数据的人工智能大发展，更是让算力如虎添翼。

第四次工业革命让软件和大数据登场，通过数据将虚拟世界和现实世界联系起来。第四次工业革命所焕发出来的最大动力就是数字孪生（元宇宙也脱胎于数字孪生的概念），虚拟世界的快速变化反过来需要影响到物理世界，所以特斯拉模式是一种响应虚拟世界发展、融合虚拟和实体（软件和硬件）的尝试。

马斯克（Elon Musk）的特斯拉模式，充分体现了他所追求的"第一性原理"，即无论待解决的问题是什么，总是回到其背后的物理原理，以确保自己摆脱行业和系统任何规则或习惯的束缚（包括官僚主义），这样才能真正寻求突破。换句话说，第一性原理追问根本问题，挑战许多商业领域内长期存在的假设。

例如，马斯克对特斯拉工厂的理解就挑战了流水线最基本的认知，他认为汽车厂的设计就是对以下公式的优化：体积 × 密度 × 速度。工厂的小型化可以通过增加过程密度、提升速度来实现。

因为电动车与传统汽油车相比，零部件要少很多，这也让马斯克可以重新回到垂直整合的模式。上一次汽车制造业的垂直整合还要回溯到 100 年前福特在底特律的红河（River Rouge）工厂，涵盖从制造汽车的各种原材料到成品车下线的全过程。这也是第二次工业革命时代垂直整合的标杆。按照科斯（Ronald H. Coase）的理论，企业内部的分工，其效率要高于市场上的交易成本。但是，当交易成本降低之后，尤其是 20 世纪 70 年代电脑逐渐开始普及，外包变得更流行。

特斯拉模式重新回到垂直整合，并不是简单重复 100 年前的管理方式。在组织上，垂直整合是为了更好地让信息流动，更好地打破边界，更好地响应市场的需求；构建平台，是为了去中介（不是去中心），让用户参与到产品设计到交付的全流程；而软件和硬件的高度融合和万物互联也让对产品全生命周期的管理和升级迭代成为可能。

归根结底，特斯拉和 SpaceX 所遵循的垂直整合模式与 100 年前福特的垂直整合制造，有着本质的区别。福特的垂直整合在于对资源的掌控，背后的驱动力是构建企业帝国，替代市场的力量，而这种掌控在分工和外包所带来的效率提升冲击之下，很容易被瓦解。马斯克所推动的垂直整合却是把加速信息流动和推动协作放在第一位。适应性和快速响应能力是未来智能制造的基础，这些都需要组织的变化。而这种变化更像是在构建一种生态圈。

波音 787 梦想客机的研发过程就是一个反例。为了达到核定的削减成本目标，即希望研发成本是前一代客机波音 777 的一半，波音大规模增加了供应商的使用，哪怕很多供应商是此前并不熟悉的。为了提高净资产收益率，波音把大量的资产和辅助工厂出售。这些都是短期行为，导致波音 787 在生产制造过程中暴露出大量问题，其结果是波音 787 非但没有省钱，反而大幅度超预算，下线时间一再推迟。

因为成本管控而强调外包，短期内的确能节约成本，但类似客机这样的大项目，一定程度的垂直整合非常必要，因为工程师在从设计到制造的过程中，解决任何新问题和创新，都需要同步和协调。公司内部的同步和协调只需沟通即可，体系外与供应商的同步和协调则需要修改合同、法务审核，耗时耗力。恰如一位资深工程师所言：每一项客机开发项目都有可能有两万多个意想不到的问题，遇到问题一定不能藏着掖着。

马斯克的"工程师思维"

理解马斯克所推崇的垂直整合，首先需要理解"工程师思维"。

马斯克把"工程师思维"带入了创新与创业中，可将这种"工程师思维"总结成四个词：科学方法、垂直整合、模块设计、持续改进。它们在SpaceX和特斯拉身上得到了全面的体现。

科学方法，简单地说就是对任何事物都有提出假设再实验证明的步骤，并在证明的过程中学习新知。科学方法没有禁区，科学方法也让马斯克有信心去挑战强大的在位者，无论是有国家力量为支撑的航天业还是有悠久历史的汽车业。科学方法也让马斯克能更好地看待失败，因为失败是整个学习过程中非常重要的一部分。

垂直整合、模块设计、持续改进，可以说是 SpaceX 与特斯拉商业模式最大的特色。这三点听起来并不是什么新鲜概念，早在 100 年前福特发明流水线制造 Model T（福特汽车公司于 1908 年至 1927 年制造的车型）的时候，就贯彻了"垂直整合"的概念，从零部件到整车全部自己生产，也能够不断降低成本，并提高薪酬，让工人可以用 3 个月的工资就能买到一辆新车。但是在第二次世界大战之后全球化的兴起、外包盛行的很长一段时间内，垂直整合被全球复杂的供应链管理和供应商体系所替代。

那为什么 SpaceX 和特斯拉会重新回归"垂直整合、模块设计和持续改进"呢？原因就是马斯克认为只有"工程师思维"才能让他作为一个局外人成功挑战实力雄厚的在位者。

先以 SpaceX 为例，马斯克观察到传统火箭之所以昂贵，就是因为火箭发动机只使用一次就坠入大气层烧毁了，而火箭发动机占火箭整体成本的大头。如果能够重复利用第一级火箭的发动机，就能够大幅降低发射的成本。而重复利用火箭最好的方式就是模块化的设计。

SpaceX 的"猎鹰"系列火箭把模块化和持续改进推

到了极致。最早的"猎鹰1号"火箭使用梅林发动机,而"猎鹰9号"则可以使用9台梅林发动机,"猎鹰"重型的第一级火箭则可以看作是3个"猎鹰9号"火箭排箫形捆绑,共有27台梅林发动机。梅林发动机持续改进,已经有从 1A Vacuum 到 1D Vacuum 5个型号,而"猎鹰9号"火箭也有了 1.0、1.1、Full Thrust 3个版本。而且,SpaceX 的火箭从研发到生产再到测试全部自己完成,坚持垂直整合。SpaceX 的做法可以说是在整个航天业独树一帜。

特斯拉也是如此。和其他传统汽车厂大量依赖供应商不同,特斯拉的电动车从研发设计到生产制造基本都是自己完成,这种垂直整合给特斯拉带来了巨大的优势。特斯拉位于加州弗里蒙特(Freemont)的工厂产出了特斯拉电动车 80% 的价值,是其他传统车厂的 3 倍到 4 倍。而麦肯锡的一份分析报告则显示,从无到有设计出来的新型电动车比那些在传统汽油车基础上改进的电动车要好得多,无论是行驶里程还是内部空间都占据优势。当然,电动车也天然适合模块化,如果拿电动车的动力总成[①] 和汽油车

[①] 动力总成:指的是车辆上产生动力,并将动力传递到路面的一系列零部件组件。

相比，以电机为主的电动车动力单元只有20多个零部件，而汽油发动机加上变速箱的动力总成有2000多个零部件。

马斯克的工程师思维还体现在他拥抱复杂问题的态度，这也是他在航天和电动车制造这两个不同行业都选择垂直整合的原因。一位SpaceX和特斯拉董事会的董事如此形容马斯克拥抱复杂问题的逻辑：马斯克认为，如果能够把复杂的问题留在企业内部解决，那么你就可以更好地管理，以更低成本更快制造产品，标准也更高。相比依赖一层又一层的供应商，比如说波音造飞机，垂直整合的好处是可以消除供应商成本的层层加码，同时又能在企业内部推动持续创新。当然，真正能做到这一点还得有一个前提，那就是企业内部有人能清晰透彻地理解复杂系统内部的关联性与相互依赖性，而这恰恰是马斯克作为一位敏锐而又好学的工程师所擅长的。

奈飞，自下而上充分授权和放权的组织

如果说特斯拉和SpaceX代表了全新智能制造的组织形式，那么全球最大的流媒体公司奈飞则提供了知识工作者的创新组织架构。奈飞自下而上充分授权和放权的组织，特别强调组织中人的作用，尤其是人才密度，而不是

◎ **案例四**

文化冲突与多元文化

有时候，真正的文化冲突并不一定发生在不同文化、不同种族之间。通用汽车（GM）就提供了一个非常好的案例。

通用汽车旗下有诸多品牌，有的是并购来的，有的则是内部独立核算的子品牌。研究这些子品牌之间的文化冲突，有助于我们了解如何管理多元的团队。

三个不同的品牌，萨博（德国）、别克（美国）和土星（美国）之间有着很不一样的企业文化。它们之间存在张力冲突，一起开会讨论如何改进技术，根本无法达成任何目标，费时耗力。

如果不能理解它们之间的本质区别，而简单归咎于文化的差异，那非但无法解决问题，甚至可能把多样性带来的好处也一并抹去了。

仔细观察三个团队，不难发现，它们之所以无法在一起开好会，关键问题是三个团队对于开会的目的和手段的假设都大相径庭。

德国人认为开会是工作外的事情，开会要简短有效，就是要形成决策，而决策应该是由科层组织中的领导做出的。

土星团队的美国人则认为开会是工作内的事情，开会就是在工作,开会的时候就应该让各路参与者各抒己见,大家分享信息,自由交流,然后能得出结论,而且这个结论应该代表大多数人的意见。他们反对开会的时候有一个严格的日程表。

别克团队的美国人认同德国人的部分想法,认为开会是工作外的事情,需要简短,也部分认同土星团队的想法,认为开会不应该限制日程,而开会的主要目的是建立共识,得出的结论至少应该得到七成的人支持。

对于三种开会模式,三者无法达成共识,如果强行让三者在一起开会,反而费时耗力。但如果理解了它们之间的差异,反而有机会利用这种多样性,推进改变。

流程；推崇创新而不是效率；放权基层管理者去做决策，而不是依赖层层上报让大领导拍板。

这样的组织在转型时代显得特别重要。传统的流程管控的组织，是强调在大规模生产中提升效率和减少不确定性的组织，也是工业时代最重要的组织形式。如果一家企业或机构其首要目标是降低风险、确保安全（如医院或者航空业），流程管控必须放在第一位。即使在奈飞内部，无论是财务报表和管控，还是数据隐私保护，都一再强调流程、管控、审批，而不是废除流程、取消管控、授予充分自由度。

但是，数字经济时代带来了两大最重要的变化：第一是环境在发生巨大的变化，商业在剧变的环境中必须不断应对全新的挑战和抓住涌现出来的新机会；第二则是随着知识经济、知识密集型的产业的出现，知识经济的运行法则、知识工作者的协作机制与大规模制造有着截然不同的差异，创造力和创新是推动知识经济发展最重要的引擎，要释放创造力并鼓励创新，就需要充分调动人的自主性和判断力。

奈飞的组织转型也正是因此而改变。一方面，它选择最优秀的人，鼓励人与人之间非常坦诚地交流并提出建设性的意见，特别高调地取消了一些象征性的管控。在公司里，休假、差旅、费用报销，都是很烦琐、很浪费时间的管控工作，取消或者用其他更简便的方式来管理，有着给予员工"自由+责任"的一体两面赋能的意味。当然，组织里没有完全放任的自由，而是需要唤起每个人心中的责任来约束自己的自由。

另一方面，奈飞也进行了组织架构的调整。从传统科层制度的金字塔结构变成了"老树新芽"结构。

传统科层制度的决策结构是金字塔结构，基层员工有第一手的资料，也会在自己权限之内做出决定，但是超出自己权限范围的工作，则会向上一级请示，由上一级裁决。问题随着严重程度以及复杂程度的加深会层层上报，最终甚至需要 CEO 来拍板。与这种层级相应的是科层式信息流动的管道和哪些信息应该让谁知道的信息分类标准。

一方面，信息流动是自下而上的，每一层级都有筛选，最高层所得到的信息都被认为是"最重要"的；另一方面，信息流动又是自上而下的，上层之所以有决策权，是因为他们能看到全局，能够看到大方向，能够了解基层不了解的信息，再加上领导者的经验，可以很好把关。但是，如果自下而上的信息传递出现了问题和失真，处于金字塔顶端的管理者也很可能出现判断偏差。

"老树新芽"结构则完全相反。CEO处于树木根部的土壤，为老树提供最重要的资源，当然也决定了老树的发展方向；主要管理者是老树的树干，是连接土壤和树木生长最重要的环节，也会更明确地指出发展的方向；业务部门管理者是老树的树枝，他在树干的基础上更加明确方向和聚焦；业务主管则是树枝上的细枝，更明确，更聚焦；直接负责的业务人员就是长出的新芽。

这一模式强调以人为本，强调授权、放权，推崇一种动态有机生长的方式，确定了生长的方向，但对生长本身不强加约束。它不是指令式的，有充分的"自由"空间，而管理者的主要工作是为生长提供重组的资源。

要做到授权和放权，奈飞强调，除了把情景（Context，即商业的环境和背景）讲清楚之外，更重要的是从CEO到一线员工，必须把目标和方向统一清楚。"老树新芽"的结构也就是形象地把这种方向的统一描述了出来。

奈飞国际化的流程就很好地体现了"老树新芽"模式如何在实操中应用。

奈飞CEO哈斯廷斯从2015年之后开始把国际化作为方向。确定方向之后，首席内容官萨兰多斯（Ted Sarandos）明确了挖掘本地优秀的内容作为国际化的一部分。萨兰多斯手下青少年业务的负责人把这一目标进一步细化到开发本地高品质青少年内容：本地孩子既能接触到大量本地内容，也能看到迪士尼的动画片，他们缺少的是全球视野，如果奈飞能够把全世界最好的少儿内容筛选展示给全世界的少儿去选择，会独树一帜，让人耳目一新。

再细分到动画领域，负责动画的主管进一步强调，高质量的动画是最通用的少儿内容，因为动画配音效果比真人节目要好很多，也可以根据本地文化做口语化的深加工，同时又能保持全球性内容的开放和多元。

最终，落脚到本地负责采购的专员。印度是奈飞非常看重的本地市场，印度本身也有不少优秀的资源，采购专员很看好一部印度动画片，但是他的犹疑有两点：这部印度动画片在印度叫座没有悬念，但是在其他国家是否同样能够拥有市场，他并不清楚——这也是他需要去下的赌注。但是在了解到自上而下（从"土壤"到"枝丫"）的一系列思路之后，他觉得这样下注机会更大。另一点则是对质量的关注。印度动画片投资不高，所以画面质量不高，采购之后，奈飞需要投入大量资金提升动画片的质量。

从方向决策到每一层级细分对内容和市场的考虑，最终让一线员工——也就是负责印度市场的动画内容的员工——做决策，并鼓励他们"冒险"，很好地诠释了组织变革的重要性。

哈斯廷斯在这一过程中也贯彻了重要的"指导，不指挥"的领导力原则（将在本书第五章详细介绍），确定发展方向之后，主要的工作就是支持发展、扫清障碍、提供资源。

3.3 构建网络组织

特斯拉和奈飞代表了当下两种全新的组织模式。那未来的组织还会有哪些变化？我们不得而知，但可以肯定的是，作为数字经济时代最主要的转型，组织的变革会沿着从阶层组织向网络组织的方向发展。

在理解什么是网络组织之前，首先要知道什么是网络。用一句话来简单概括，网络就是将一系列节点连接起来的一种组织形式，而连接是网络的特质。

组成网络有几个重要因素。

首先是节点，也就是网络上被连接的个体。在一个社交网络中，每个人都是一个节点；在一个物联网中，每一台机器都是一个节点。

其次是连接，也就是将网络上各个节点联通的方式。连接涵盖了两方面，一个是连接的多寡。有的节点与网络中大多数节点都有连接，显然在网络中举足轻重。在现实生活中，有影响力的人或意见领袖（KOL），就有着广泛的连接。我们可以通过一个节点拥有多少连接来判断这个节点在网络中的重要性。有一句话说得好：什么是名人？就是认识他的人比他认识的人多得多的人。

这句话又强调了另一点，连接除了多寡之外，还有强弱之分。有的连接很强，很紧密，比如亲人、朋友、同事、同学；有的连接则比较弱，比如开会时交换过名片的人。强连接和弱连接在网络中也发挥了不同的作用。

再次是距离。什么是距离呢？简单来讲，就是一个节点需要通过几个节点与另一个节点相连。社交网络上有一个词叫作"六度空间"，说的是任何一个人都可以通过最多 6 个人与世界上的任意一个人产生连接。当然，距离的远近也决定了影响力的强弱。

最后是交换。只要发生交换,网络就会存在。无论是实际的网络,比如市场、贸易网络,还是虚拟的网络,比如社交网络、人脉圈,都因为交换而存在。贸易网络上交换的是商品,社交网络上交换的则是信息。交换的属性凸显了网络的两个特点:一个是促进信任,交换可以让交换的双方产生并增强信任,而网络是依赖信任才能运行和扩展的;另一个则是互惠,交换本身是一种对双方都有益的行为。

连接是网络的特质

网络最重要的功能是连接。

连接可以简单分为两种,一种是强连接,另一种则是弱连接。两种连接都很重要,却产生了完全不同的效果。

强连接拉近节点之间的距离,会让现有群体更稳固,当然也会产生圈层化的问题,也就是小圈子内部人越来越相似,只在同类人之间分享信息,产生社会学家所担心的回音室或者信息茧房的问题。换句话说,在一个人的社交网络中,如果只有强连接,只跟自己熟悉和有相似背景的人沟通,可能会越来越缺乏对更广大世界的理解,这也正是为什么晋惠帝会闹出"何不食肉糜"的笑话。

弱连接强调的则是连接的数量和连接的跨度。比如，在找工作的时候，弱连接就比强连接重要，因为联系的人越多，或者连接的圈子越多，获得有关新工作的消息也就更多。

硅谷就是弱连接的典范。投资人需要及时了解新技术和潜在的创业者，创业者也需要有人推荐给投资人，投资人和创业者也需要不断拓展自己的人脉网络，帮助他们搭建创业团队，或者给快速发展的团队找来成熟有经验的管理者，这些都是弱连接带来的好处。碰巧认识的人、熟人介绍的人，常常可以组成新的团队，或者促进一笔风险投资的达成。

强连接和弱连接是站在个体的角度去看网络对它们的作用。如果站在整体的角度去理解一个网络发挥的作用，则需要看网络的结构。

网络结构大致可以分为三种：第一种是集中式的网络，指的是一个中心的网络，或者呈现出星丛形的网络，中心节点与各个分散的节点产生连接；第二种是去中心式的网络，或者说是多中心的网络，在这一网络中，没有唯一的中心，存在着许多或大或小的分中心；第三种则是完全分布式的网络，节点之间产生各种各样的关联，无法分清楚谁是中心。

在现实生活中，多中心的网络最常见，或者说更能涵盖现实生活中网络组织的主要形式。去中心网络大致把网络中的节点分为两类，一类是分中心节点，另一类是边缘节点。分中心节点因为有更多更强的连接，所以驱动力很强；边缘节点则因为连接比较少、比较弱，所以在网络中的影响力也就比较弱。但边缘与分中心的关系又是相对的，网络作为一个强调连接的组织形式，并没有明显的边界，对于一个分中心节点而言的边缘节点，很可能是另一个网络中的分中心节点。或者说，边缘节点可能是网络与网络连接、碰撞和竞争的交会点，是互通有无的地方。

理解了网络的结构，就能理解网络如何发挥作用。

比如社交媒体上经常会提到的病毒式传播，强调的就是某种信息在网络中传播的形式。信息的传播，不仅与信息本身的内容有关，也与传播的途径以及传播网络的结构有关。如果有强连接的节点，也就是网络的分中心，有有影响力的人或意见领袖的推动，信息的传播就可能很快，覆盖的面就可能很广。

当然，用病毒式传播来形容信息的传播也有不完全恰当的地方。病毒的传播，正确的说法应该是病毒的传染，是无差别的、广播式的。网络结构很重要，所以我们在筛查传染病患者的时候都需要溯源，找到传播的中心节点和传播链条，但传染本身是无差别的。换句话说，被感染的节点就一定会对身边的节点富有传染性。相反，信息的传播有选择性，被"感染"的节点可以选择是否传递信息。因此，信息的内容也很重要。这也是小道消息或者博眼球的视频更容易传播的原因。

理解了连接和网络的结构，也就能理解人脉网的重要性了。每个人都需要经营自己的人脉，但是不同的人的人脉圈也很不同。从网络的架构来看，人脉网大致分为三种："扩展者"交友广泛，但关系往往肤浅，也就是说他的弱连接很多；"召集人"交友数量少但关系更紧密，也就是说他的强连接很多；"中间人"则是连接不同网络类型的人，他处在许多不同网络的边缘，促进了跨越网络的连接。

之所以这么详细剖析网络，就是因为网络相对于科层组织要复杂得多，也要有活力得多。

网络组织的三大优势

简单对比一下科层组织和网络组织应对变化的不同。一个等级森严的科层组织，当一线遇到了巨大变化之后，信息可能需要层层上报，一线没有任何决策权力，也要一层层等待中心节点的大老板做决策。老板一方面无法及时获得信息，另一方面信息在传递过程中可能衰减，最终导致决策慢半拍且不切实际。所谓"船大掉头难"，就是这个原因。换句话说，棋盘式的阶层组织虽然有令行禁止的高效执行力，但是在充满大风险的剧变面前却非常脆弱。

相反，网络组织内部信息传递迅捷高效，因为网络组织的触点是一线小团队，他们能够根据变化做出快速响应，有一定程度的决策权，所以应对变化的反应特别快。又因为网络组织由众多小团队所组成，又给了整个组织创造性解决新问题的机会，即使某个小团队应对失误，也不会让整个组织遭殃，所以网络组织的一大特点就是拥有恢复力。相反，如果一艘大船的船长决策失误，整条大船都有倾覆的危险。

理解了网络的连接作用，以及网络效应所遵循的麦特卡夫定律所凸显出来的连接的力量——网络的价值是联网节点数量的平方。那网络组织又有什么优势呢？

概括来讲，网络组织具有三大优势：高效可靠的信息传递、适应性和可扩展性。

网络组织的第一大优势是高效可靠的信息传递。

一个 150 人以内的组织，几乎可以做到每个人都认识每个人，很少会出现信息传递的问题。但随着组织规模扩大，信息传递速度变慢、信息在传递过程中被改变、一些一线的信息无法有效传递给管理者，都是经常出现的问题。

一个网络组织中信息传递要高效得多。病毒式传播就是最好的比喻。网络组织的结构与信息的内容两者决定了信息传递的效果。网络组织中相对中心的节点，尤其是有影响力的节点，是自发形成的，并不是科层组织架构图上的头衔所决定的，有影响力的节点所传递的信息，一般会得到更多更快的转发。同样，信息的内容也决定了传递的效果，紧急的关键信息，有爆炸性的内容，传播的速度就更快。这些都保证了网络组织中信息的高效传递。

即使在科层组织内，非正式网络仍然是信息传递最有效的渠道，最有用的信息很少是从一个组织正式的命令链中获得的，小道消息通常不仅传播速度快，信息量也更大。经历了"挑战者号"和"哥伦比亚号"两次航天飞机事故之后，美国航空航天局（NASA）对网络组织有了明确的认知：需要推动信息自由流动的非正式网络，让基层工程师能够将自己观察到的问题有效分享和传递给大多数人，绝不能让信息流受制于正式的指挥体系。

其实，在"挑战者号"灾难发生之前，美国航空航天局其实就有一种文化，在等级森严的组织结构中，领导者会鼓励各个层级的工程师都能够不断提出问题，不断把自己看到的小问题讲出来，汇总成为"周一笔记"，由领导过目并提出批示之后，发给全员阅读。对于问题，不藏着掖着，也鼓励了一种内部的问题意识，甚至创造一些内部的压力，确保没有人会把问题压下来。

这种文化，其实是在森严、僵硬的组织结构之外，创造出一种非正式的、自由的信息流动机制。因为一个好的领导者如果仅仅依赖向他汇报的那几个下属提供的信息，是很难理解复杂系统（企业、环境）中存在什么样的机会和挑战的。一个好的机构，时间久了，慢慢形成官僚层级是很自然的，这时候，领导者能否倡导鼓励自由分享、打破层级限制、听取基层员工的声音的文化，非常重要。

美国医院也采用类似的方式，比如每周一开的发病率和死亡率周会（Mobility and Mortality，俗称 M&M）也是一种打破阶层组织的沟通会，要求每位外科医生不管职衔高低，对上周手术中出现的情况做梳理，把问题都呈现出来。

网络组织的第二大优势是适应性。

适应性体现在网络是建立在成员之间的相互信任之上。网络连接不是命令和执行，而是基于互惠和交换，在互惠和交换过程中累积的信任有助于应对快速变化的世界。

阶层组织成员之间的关系遵循外部的流程和规则，很多时候会例行公事，缺乏自主判断的空间和能动性。大家在工作中都可能会遇到各种各样的"例行公事"，我们也可以称之为"官僚主义"：明明火烧眉毛了，主事者仍然要按照流程来，不做任何的变通。

网络成员建立的是真正的关系，因为有信任，他们之间的交往就不是例行公事，遵循的是关系原则，在危急时刻和快速变化的局势下，例行公事可能是一个障碍，而网络的连接可以打破规则。此外，基于信任的网络连接意味着网络的结构可以很快发生变化，产生新的连接来应对变化，或者新机遇出现之后，网络中洞察先机的节点会自发

◎ 案例五

球队代表了知识经济中的一种全新组织形式吗？

既然奈飞愿意用球队来比喻好的团队，我们也可以直接用西甲豪门球队巴萨来做比较，看一看球队的组织是否能为构建好的团队提供标准。

首先，球队是明星级别的知识工作者（这里的知识工作者就是指拥有稀缺技能，也拥有无形资产，通过协作帮助企业成长的一群人）。球星是独立的供应商，短期来替球队打工，每天"出工"三小时，剩下的时间还需要去代言品牌、为自己的国家队效力、经营自己的IP。

换句话说，球队很可能是未来知识工作者网络组织的高级阶段。他们首先作为重要的KOL和球队的核心成员存在，也有着一套完全不隶属于球队的服务人员，比如经纪人、公关等角色。

其次，在短期内，球星的成功与球队的成功深度捆绑，相互依赖。足球场是一个彻底贯彻精英主义（Meritocracy）的地方，每场比赛都是球员表现的舞台，表现好的球员自然会有更好的待遇。这里不会有裙带关系，因为太容易露馅，也不会有歧视，球员不管来自哪里、什么肤色，只要在球场上有优异的表现，就一定有市场。

再次，好的教练很清楚，在球场上，只要球员们做到相互信任，相信各自是专业的，他们就能成功。球员之间需要相互信任，而并不需要相互喜欢。一支好的球队，不需要成为"兄弟连"，球员之间有着一定程度的竞争关系也很正常。这也契合知识工作者全新的工作方式，每个人都清楚自己的位置，能够为了共同的目标有效协作。

最后，球队里的重要角色是无法替代的，这是球队与传统企业组织最大的区别。在企业中，大多数岗位都不是不可替代的，但球场上，梅西是绝对不可替代的。没有梅西的巴萨，是个完全不同的球队。从这一意义而言，豪门球队可能也是未来知识工作者组织形式的范本。

地组织起来，从而抓住机遇。

适应性其实就是网络组织能够更有效地发挥每个节点的能动性，更能够发挥集体的智慧，而不是等到科层组织顶端的人发号施令之后再采取行动解决问题。这样一来，无论是应对问题的速度，还是解决问题的创造性，都至少要上好几个台阶。

网络组织的最后一大优势是可扩展性，这其实也是网络组织的本质，网络本质上就是可以大规模复制和快速延展的。

其实，每个组织都有非正式网络和正式结构之间持续相互作用。阶层组织转变成网络组织，并不是让中心节点连接更多小团队，而是鼓励小团队之间的节点产生各种非正式的连接。让更多小团队在更多领域去实验和试错，同时保持一定等级架构，确保网络能够实现快速、一致和协调的行动，这样，就能发挥网络快速扩张的规模效应。

网络组织可以高效可靠地传递信息，有更强的适应性和拓展性，这恰恰是当下许多企业都需要向网络组织转型的主要原因。

网络组织如何构建

为什么高效可靠的信息传递对于一个组织而言特别重要？因为我们正处在一个剧变的时代。外部环境发生剧烈的变化，市场中新的商业模式层出不穷，技术带来的迭代加速，而年轻消费者的选择变得更多元……一个好的商业组织在剧变的时代想要应对外部环境的变化，首先就需要保证信息传递的流程，尤其是从基层一线获得的信息。

同样，我们处在一个从前数字时代向数字时代的大转型过程中，数字经济的核心是海量数据的及时搜集、分析，以及将其应用于决策。

在人类历史上，我们每每看到任何一种通用型的新技术的使用，都需要辅之以组织的变革。

第一次工业革命后，蒸汽动力取代了自然力，其结果是一系列围绕着蒸汽机的中心化的工厂布局。我曾经去过澳大利亚墨尔本附近的一家金矿，那里至今保留着200年前的布局，金矿中心有一台蒸汽机，将动力通过机械传动装置传递到金矿的各个角落。蒸汽机的使用需要中心化的组织架构。第二次工业革命后，电力取代了蒸汽动力，其结果是流水线的产生。因为动力不再需要通过复杂低效的机械臂传递，小型的电机可以分布在工厂的各个角落。同样，个人电脑的普及和互联网的兴起也极大地改变了白领的工作场景。

但我们同样需要认识到的是,组织的变化有滞后性。关键科技带来的变革需要时间去消化、推广,改变社会习惯、改变管理方式、改变认知都需要时间。而且,这样的改变在历史上一再出现,比如电力取代蒸汽动力花了 70 年,电脑和互联网的普及已经持续了接近 20 年,但远程办公还是在新冠肺炎疫情到来后才真正有效推动。

从这一视角看从传统的科层组织向网络组织的转型,也就顺理成章了。用网络的视角来观察组织和管理转型,思考怎么去发挥每一个网络参与者的能动性,怎么让组织更加扁平同时有着更丰富的强连接和弱连接的网络,怎么让组织能够更高效地传递信息,更快捷地应对外部环境的挑战,更创新地去解决涌现的新问题等一系列的问题,能让我们在"赋能"和"连接"这两方面获得新的启发。

那到底该怎么转型呢?

网络是未来组织变革的基础材料。数字化转型所需的组织变革,需要从科层组织转向网络组织,这一转型,首先要构建敏捷组织。敏捷组织是构建网络组织的基础,强调小团队、模块化、多样性和自主性。敏捷组织让组织架构变得扁平,通过创建更多模块化的小团队,解决涌现出来的复杂问题。而模块化的小团队如果要构建成有效的网络组织，还需要做到两点：彻底的信息分享和给一线团队决策赋能。

亚马逊研发智能音响 Alexa 的组织就是个很好的范例，它所依靠的正是扁平模块化的众多敏捷组织。这种小团队的规模贯彻"两个比萨饼"原则（即团队一顿午饭两个大比萨饼就能解决，指团队人数在 10 人以内），都是"一根筋"（One thread）团队，即可以模块化地快速实验、只有唯一目标的团队。每个团队都直接向负责人汇报，关注 Alexa 的一个特定方面的应用。这种管理方式让 Alexa 可以迅速铺开，在智能家居、语音购物、在线问答等各个领域迅速发展，也让支持 Alexa 的应用版图迅速扩张。

在组织变革上，亚马逊做到了多样性、模块化和一线团队的决策赋能，决策链条下沉，在围绕为智能音响找到更多全新应用场景的大目标下，让每个团队行使自己的判断力。团队众多，研究问题的方向也就五花八门；小团队模块化，降低了试错成本；决策下沉，让小团队能够搜集本地特定信息，积极寻找问题和机会。

但小团队的发展模式也有明显的短板——缺乏小团队之间横向的信息共享。模块众多，但相互之间的协调却不是优先选项，Alexa的语音界面并不友好，亚马逊也并没有能够打造像苹果（Siri）或者谷歌（Google Assistant）那样成功的第三方语音平台。组织的短板变成了Alexa智能音箱的短板。

网络组织需要充分发挥网络连接的效能。亚马逊Alexa拥有众多小团队，但都只与负责人连接，依然是一个自上而下的集中式网络，每个小团队缺乏横向节点的连接。要充分发挥小团队的优势，需要重构组织架构，形成去中心的网络，鼓励网络各个节点之间产生自发的联系。这些联系既是信息沟通的管道，也是推动相互合作和协同的纽带。

前驻扎伊拉克美军指挥官麦克里斯特尔（Stanley McChrystal）将军在应对伊拉克"非典型战争"——针对恐怖分子的游击战争时，就试图构建非典型的美军部署——多中心的小团队协同。

"每个人都认识每个团队的一些人，这样当他们考虑不得不寻求与隔壁单位或华盛顿（中心）情报同行合作时，他们的脑海中会浮现出一张友善的面孔而非竞争对手。"麦克里斯特尔的这段话，非常好地描述了从阶层组织转型为网络组织的要点。

网络组织的新模式

网络组织的不断进化，其实在国内已经有很多尝试。比如，一度流行的"敏捷组织"概念，又比如海尔的链群小微组织，它强调突破企业边界、去中心化、网络化，已经很贴近网络组织的核心。这种进化的核心是以人为本，这也是工业社会向知识经济转型的必经之路。

工业经济是围绕着公司来组织的，重点是人尽其用，让人为组织的目标服务。知识经济反过来应该是围绕着人来组织，公司要考虑的是怎样做才能让人变得更闪光。

在国内的一些互联网大厂，年轻的知识工作者正在拥抱创新网络。从他们的视角，我们不难发现创新网络的生命力到底在哪里。首先，这些年轻人学习能力超强，充满好奇心，与自己的岗位和责任相比，更在意自己在团队中扮演什么样的角色。其次，为了自己的发展，他们很在意自己的领导是否有领导力，很在意自己的同事是否有竞争力。最后，他们对自己的发展有要求，协作能力超强，能自己定义自己的工作，对于没有人认领的工作，他们也会主动顶上去。

还有一些有意思的网络组织，一种是自组织，或者被称为海星式的组织,可以在没有自上而下的投入和监督的情况下,不断扩展和复制。自组织的特点是一方面能传播希望传播的信息,另一方面能够不断复制想要复制的组织架构。换句话说,自组织是去中心化的网络经济中特别活跃的一分子。

举三个例子。

第一个例子是 TEDx 的演讲。大家可能都对 TEDx 的分享活动有所耳闻,甚至可能还亲自参加过,比如"TEDx 外滩""TEDx 成都"等活动。TEDx 很清晰地描述出自组织需要什么:首先需要清晰的活动形式和具体模板,演讲者的演讲都在 20 分钟之内,有演讲教练会自发地给演讲者提供咨询,现场收取的门票费用用于支付场地租金和其他杂费。只要提议的活动符合模板要求,任何人都可以获得举办 TEDx 活动的许可。这也是 TEDx 在全球如雨后春笋一般拓展背后最主要的动力。

第二个例子是戒酒会。我们在美剧中经常看见类似的场景,一群人围成圆圈,每个人挨个发言:我是某某,已经戒酒多少天。讲完大家都鼓掌祝贺⋯⋯戒酒会也是自组织,它不需要中心,因为如何组织戒酒会已经有了一套成熟的基础模板,而且参与者都是有过酗酒经历的人,希望通过组织的力量来帮助自己戒除酒瘾。戒酒会成为全球性的网络，任何人都可以在未经许可或批准的情况下开展小组活动，恰恰因为它是自组织的网络。

第三个例子则是新冠肺炎疫情中涌现出来的全新组织。商业网络无法保障最基本的食品菜蔬的需求，许多地方涌现出一批团购生活日用品、满足老百姓基本需求的全新自组织，这种组织的负责人被大家称为"团长"。

担任团长是一种自发的行为，团长需要动用自己的人脉资源去联系商家，又要梳理采购、运货、分配等各种流程。团长和阶层组织中的团长不一样，团的成员内部是平等关系，团长并没有职权，担任团长也并不依赖资历。团长的出现，体现了一种全新的自主力，在面对困难的时候，她（他）能主动承担起责任，创造性地解决问题。

另一种网络组织是累积组织。累积组织与自组织有一些不同，它的特点是将低程度的等级制度添加到网络的中心。换句话说，它是在完全自组织的基础上引入了一定程度的秩序和管理等级，或者说它是在网络上引入了一些棋盘的因素而形成的一种变体。

维基百科就是累积组织的例子。作为一个全球最大的在线百科全书平台，具有 21 年历史的维基百科强调知识众筹，完全由志愿者整理和修改条目，体现了一种与我们所熟知的互联网巨头完全不同的发展路径。当然，这种众包模式中仍然需要中心化的管理者和规范者。

用网络来观察未来的组织，带来的启发是赋能，怎么发挥人的能动性，怎么组织更加扁平同时有着更丰富的强连接和弱连接的网络，让组织能够更高效地进行信息传递，更快捷地应对外部环境的挑战，更创新地去解决涌现出来的新问题。

3.4 多样性团队

适应力是应对复杂多变的世界、处理涌现出来的复杂新问题的最主要的能力。如果说构建网络组织是硬件抓手，那么增加组织中的多样性、鼓励多元思考，则是软件抓手。

为什么鼓励多样性在处理未知世界中的复杂问题时变得特别重要？因为后工业时代的问题变得日益复杂，新问题（涌现出来的问题）也越来越多。这时候，无论是强调个人主义、单兵突进式的解决问题的方式，还是仅仅靠专业人士解决问题的方式，都可能出问题。个体的智慧和群体的智慧相比，群体的智慧更重要，无论从科研还是从公司的创新、创业来讲，一群人的创造比一个人的创造要重要和有效得多。而且也有实践证明，来自同一个圈层的一群人和来自不同圈层的一群人是不同的，后者解决问题的能力要更强，碰撞出的思想火花也更多。

三个臭皮匠

古语说得好，"三个臭皮匠，抵得上一个诸葛亮"，讲的是个人奋斗与群体努力之间的关系，有时候群体的智慧比个人要强。推而广之，这句话也恰恰强调了该如何理解个体与群体的关系，尤其在未来，很多复杂问题需要团队来解决。

首先，并非牛人扎堆的团队就是最有能力的，全明星的团队并不是最高效的团队。合适的比最好的更重要。卡梅隆大学曾经希望创建最牛的英文系，请到了顶尖的英文教授，结果内耗严重，谁也不服谁，连推出一份统一的教学科目表都成问题。团队强调整体组合，需要不同的人扮演不同的角色，牛人扎堆的团队里如果人人相互瞧不起，也没有能很好地将成员搭配组合的领导者，就很难凝聚共识、整体发力。

团队中需要扮演不同角色的人。一个良好的团队需要一个领导者、一个社交秘书、一个会讲故事的人等角色。既要有内向的人，也要有外向的人。多样性的团队一方面增加可能性，另一方面也能很好地疏导内部的矛盾。

而团队众多的角色之中，小丑最重要。小丑不仅有趣，还很聪明，对小组的每个成员都有充分的了解，因而可以化解绝大部分因成员长期密切接触而产生的紧张气氛。此外，小丑还可充当不同人群之间的桥梁。相反，在那些容易起冲突或失去凝聚力的团体中通常都没有小丑这号人物。

其次，构建有效团队需要发挥创新的作用，而创新就需要跨界，需要多样性人才的参与。最常见的创新就是在熟悉和陌生的临界点进行跨界创新。推动创新需要一脚在熟悉的领域，一脚在陌生的领域，有观众所熟悉的场景（无论是戏剧还是电子游戏），但是又有让人眼前一亮的新鲜亮点（如在浪漫歌剧的一开始就上演咏叹爱情的歌曲，而不是等到两位主人公相逢了之后再唱出爱情的美丽）。

同样，创新的团队也需要从熟悉和陌生的角度，在组成人员上仔细考虑。如果一个团队都是由熟人组成，那一定不可能推出一场特别漂亮的演出，因为他们很可能了无新意。同样，如果一个团队都是由陌生人组成（好比"将不知兵,兵不知将"),也会出问题,因为他们连基本的默契都没有。最好的组合是团队中有一些熟人,也有一些陌生人。

在许多企业的失败案例中都可以发现,如果管理团队太过默契,换句话说完全是由熟人组成的团队,很可能在面临新挑战的时候因为共同的盲点而产生误判,又因为相互熟悉而放大这种"集体误区"导致失败。从这一角度来看,在熟人组成的组织中增加新人,带来"鲶鱼效应",可以发现很多"视而不见"的问题,从而带来改变。

最后,科学研究也需要多样性。科学研究很少有一个人的独角戏,科学问题太复杂了,一个人力所不逮。好的科学突破,通常是团队达成的。

《经济学人》(*The Economist*)杂志的一项研究发现,如果以科学论文的引述频率来判定科研成果的话,引述频次特别高的论文,通常是来自不同国家作者的研究成果,引述频次与跨国协作的数据高度正相关,恰好作为多样性团队科研成果更好的例证。

科学家组织研究团队也希望有多样性,既有老人,也有新人,有发表过论文的博士后,也有刚刚入学的博士生,而且还喜欢老人带新人。这样的组合方式,一方面增强了科研的稳定性，另一方面也带来了年轻人全新的视角。

著名数学家西蒙斯（James Simons）就很了解科学家的行为模式。科学家要取得成功，必须互动、辩论、分享，需要在一个群体中相互激发。他把这一心得带入他所塑造的对冲基金复兴科技之中，特别倡导开放和鼓励共享的企业文化。任何人都能了解公司的内部算法，并且可以修改算法，这就需要公司秘密对每个人都开放，在公司发展的早期，甚至连秘书都有权限进入系统。

当然，不仅仅开放是推动力，同侪之间的竞争压力也是推动科学家们不断探索突破的源泉——就好像在学术机构内部一样。当然，西蒙斯在公司内用慷慨的奖金来替代学术突破发表的荣誉。"如果想要拿到更多的奖金，那就想方设法帮助我们提高收益率。"

◆ BOX
便当主义

多样性也可以通过日本人最爱吃的便当来理解。众筹公司 Kickstarter 的创始人之一杨西·思特里克勒（Yancey Strickler）就提出了团队管理中应当践行便当主义：一方面，团队需要不同类型的人来组成；另一方面，团队也需要有多元的想法和思想的碰撞。

便当盒里有不同种类的食物：寿司、牛肉、蔬菜和米饭，更重要的是，每一种都不会太多，拼搭起来很适宜。好的便当主义应该能在管理者的心目中把利己因素和利他因素并列，让短期和长期的考虑并存。

便当主义，强调的是平衡不同的价值甚至对立的价值的办法。便当主义可以被认为是一种调和主义，但其实是把多元配合贯彻到底的方式，是尽可能把多样性发挥到极致。现实当中，会存在各种不同的利益冲突：不同的人群、不同的目标、不同的利害，如何平衡？便当主义是一条思路。领导者面对错综复杂的环境和尖锐的矛盾，更需要学会平衡和调和。

竞争并不是解决复杂问题最关键的因素，只有竞争而缺乏多元经验的组合，缺乏试错的实验，是很难推动创新的。生物学和大自然的经验，与人类社会发展的实际，如果说背后有一条类似推动发展的线索的话，那就是有变异、竞争的选择，也有跳跃式重组的创新。恰恰因为复杂问题没有唯一正确答案，解决复杂问题可能有许多种不同的路径，自然、生物、人类的选择不会是那么单一。

借鉴生物学和生态圈的研究，不难发现，自然界中推动改变的方式有三种：变异、跃迁和重组。这三种方式的组合帮助生物和人类找到复杂世界中多元解决方案的长期最优解。达尔文就曾经说过，一个区域物种越丰富，共生数目就越多。因不同而繁荣，在商业界也是如此。

保持团队的多样性，也可以在实际运用中多借鉴一些生态圈中"共生"的哲学。

首先，真正鼓励多元思考的团队，一定要开放包容。开放包容可以让团队成员有一定的自由探索，而这么做并不是为了给团队解压，虽然在高强度的职场中解压很重要，更是因为它可能带来跳跃，也可以促成相邻经验的重组。

在硅谷的不少公司，包括谷歌，都曾经鼓励员工每周花 20% 的时间用在自己认为重要或者感兴趣的项目中去，背后就是为了给员工营造创新的开放空间。

其次，多样性带来更多重组的机会。跨界重组是创新最主要的模式，保持社会和组织的多元非常重要，创造性团队必须在技能、兴趣和观点上有所不同。

最后，成功的道路并不只有拼搏向上一条，有时候以退为进、保持耐心更重要。有张有弛，每个人都需要休息和假期，因为那是思想的孕育和孵化期，重要的突破需要时间来酝酿。

3.5 追寻工作的意义

向知识经济的转型，最大的挑战是如何"管理"聪明的头脑，因为企业最核心的资产已经变成了知识工作者，如何让他们更好地协作、创新，创造更多价值，便成了组织发挥作用的关键。

新冠肺炎疫情掀起了全球范围内对于工作意义的大讨论。在欧美，一方面，经历了新冠肺炎疫情之后，经济快速复苏，也让职场年轻人有了更多议价权；另一方面，新冠肺炎疫情让更多人重新思考生活和工作的关系，思考生命的意义，也让工作的意义变成了很多人选择工作的主要考虑之一。

在国内，随着 90 后成为职场的中坚力量，00 后开始加入职场，新一代年轻人相比前一代人对工作和生活有着迥异的思考。他们与欧美的年轻人有更多类似的地方，了解他们对工作的看法，了解他们对工作意义的追求，对于推动未来企业组织变革而言，非常重要。

在第二章里，我们已经探讨了技术推动的混合办公潮流。混合办公是疫情给全球企业组织带来的新模式，也是新挑战。企业管理者需要去拥抱"混合办公"的浪潮，找到提升效率的机会，同时也需要避免混合办公给企业组织带来的负面影响。

如果公司是一个产品，你会怎么做？

如何理解工作的意义？不妨换位思考，问自己一个问题：如果公司是一个产品，你会怎么做？

这种换位思考是用我们最熟悉的消费者思维，重新解构雇用关系（如果你是雇员）或者管理关系（如果你是老板）。你会怎么对待一个产品，你就应该怎么对待一个公司，或者说如果你是公司负责人的话，你就应该期待知道、理解你的下属去如何对待一个公司。

从这一思维实验中可以推导出两个合理的衍生思考。

首先，如果管理者期待产品和服务变得越来越好，不断迭代，那么员工同样期待公司也这么做，无可厚非。这恰恰是当下年轻人最需要的。

一些在大企业工作的年轻人已经很明确地表达了他们对公司和同事的期许。他们在意公司的发展是否契合自己的目标和发展方向，他们在意自己在公司中是否能够获得成长，他们在意领导的领导力，他们希望同事之间能够相互鼓励、相互学习、相互竞争，这些都是他们对公司的期许。一个快速变化、不断提升、抓住机会、努力进取的公司，会收获一批同样的年轻人。

其次，既然公司是产品，那公司雇用的雇员知道该怎么使用它吗？公司的"操作手册"是简单还是复杂的这其实是一个组织层面的问题。

苹果产品最大的优势是"无师自通"，任何人哪怕几岁的孩子都能自主使用。未来的公司也需要如此。除了组织架构和多样性团队，管理工具也变得非常重要。如何利用移动互联网时代的新工具，把团队的日常工作、管理想法、问题讨论和知识经验都结构化积累下来，也是一个非常有潜力的发展领域。

迈向知识经济的转型给企业的管理者提出了全新的课题。他们要想与知识工作者有效沟通，跨界思考与保持好奇心就显得特别重要；他们也需要深刻理解知识经济的运行法则，才能充分配置人才资源，平衡协作与竞争，推动创新；他们需要职场教练不断给他们以鞭策，帮助他们扫描自己的盲点；他们需要成为年轻人的导师，关注代际的传承，并在合适的时机将舞台留给年轻人。当然，他们更需要花时间塑造文化和改变文化，因为企业文化没有最好，只有最合适。

这一系列企业管理的核心议题，我们留待下一章去讨论。

第四章

管理——拥抱变化的新姿势

▷ 引子：黑莓的执念

以物理键盘著称的黑莓手机在 21 世纪头 10 年鼎盛的那段时间里，曾经占据美国智能手机市场的半壁江山，基本上是所有专业人士和高端用户的标配。当时的黑莓手机打破工作和生活的界限，让随时随地回复邮件成为可能。与手机市场领军者诺基亚不同，黑莓是细分市场的冠军。但是当 2007 年乔布斯发布苹果手机之后，黑莓与诺基亚一样溃不成军。为什么？

简单地回答，是因为黑莓创始人拉扎里迪斯（Michael Lazaridis）的执念。他认为邮件和电话，加上黑莓适配企业安保要求的加密技术，是专业人士移动办公的最爱。为了保持这种简洁和便利性，他甚至连一个像样的浏览器也不愿意添加，更不用说苹果手机在推出 App Store 之后层出不穷的各种应用了，这也是因为担心耗电。这种执念让黑莓丧失了与苹果手机最初抗衡的机会。换句话说，拉扎里迪斯被自己初期的成功迷住了眼睛，始终无法突破自我设限，更无法把手机想象成一台迷你版的电脑。

苹果 CEO 乔布斯却没有这样的思维障碍，毕竟苹果是靠电脑起家的。但他真就具备反思的能力吗？乔布斯是苹果内部第一个主推迷你电脑式手机的人吗？

事实并非如此，相反是团队帮助他反思，乔布斯才能跳出自己的执念。乔布斯多次表示，自己不愿意去造手机，因为数码播放器 iPod 业务蒸蒸日上，他担心手机业务会蚕食 iPod 业务的市场份额。同时，他又看不上美国各大运营商的缺乏创新，担心苹果的创新受制于运营商，当时大多数手机供应商都与运营商签约，提供优厚的购机补贴，换取市场份额。

如何去改变一个人的执念？从熟悉的领域延伸出去，而不是直接提出挑战他认知的产品。乔布斯团队说服他的逻辑很值得学习：既然 iPod 已经把成千上万首歌装进了一个小小的机器里了，为什么不能再增加一个手机功能？既然 Mac 笔记本电脑已经重新获得市场的认可，做一台更小更轻薄的手持电脑，再增加打电话的功能，为何不可？这两个想法（iPhone 和 iPad）都是业务向外的延伸，而不是进入一个全新的品类，这样做风险要小很多。更重要的是，他们跟乔布斯说，如果这么做，我们将强大到让运营商接受我们的要求，而不是相反。

黑莓败于苹果的案例，值得我们深思，其核心是管理和团队的重要性。外人常常把成功归功于创始人的英明决断，也把失败归咎于创始人的优柔寡断，但管理一家大公司要复杂得多。优秀的管理者需要充分发挥团队的作用，不断迭代管理，跟上变化的步伐。

4.1　人才与团队管理

领导者、人才、团队三位一体，同时随着公司的成长而改变。

创业企业的主要驱动力来自有想法、有行动力、有闯劲的创始人，他需要号召所有能号召的人加入他的团队。作为一个初创企业，不可能期许自己马上能找到一流人才。没有哪个企业会有这样的奢侈，从创业的第一天起就由黄金团队来打造。一流人才需要培养和成长，不是从天上掉下来的，而初创企业往往是一流人才最好的培养基地。

脸书的创始人扎克伯格（Mark Zuckerberg）在创业早

期也得扛着招聘的牌子在斯坦福校园里摆摊,希望能说服斯坦福的大学生加入他的团队。创业之初,需要的是一专多能的人,许多人是一个人顶几个人用,每个人都为生存而战,而领导者往往冲在第一线。

步入成长期,企业的领导者、人才和团队都需要变革。追求快速成长,需要招募更多的人。企业发展有了起色,在市场上也有更强的号召力和竞争力,可以找到更多优秀人才。此外,成长期的企业也会得到更多资本的青睐。有名的风险基金和私募基金不仅为企业带来投资,做大估值,也帮助它吸引更多人才。他们会推荐社交圈里有经验的管理者加盟,为企业管理"上规矩"。

这时,领导者、人才和团队面对的挑战就变成了三个方面。

首先,领导者的格局要发生转变,从事必躬亲转变为吸引更优秀的人加盟,并且能放手让他们去做事。吸引优秀的管理者和专业人士,分工授权,变成工作的重点,而领导者自己则需要聚焦企业的发展方向。

其次,人才也会出现分化。空降的专业人士与一起打拼创业的老臣之间的关系如何处理,很棘手,却不能拖延,因为在公司成长过程中,人才淘汰是必然的。

最后，随着整体团队人数的扩大，人数每上一个台阶都需要管理模式的进化。团队的规模从 100 人到 1000 人，再扩张到 10000 人，管理方式的同步进阶尤为重要。

到了成熟期，企业已经稳步发展。这时领导者、人才和团队又面临全新的问题，其中最尖锐的是规模和创新之间的矛盾，这一点在第三章中已经提到。亚马逊之所以在企业文化中特别推崇"第一天"（Day One）的文化，强调不能忘记创业的初心，就是担心企业大了，成为市场的主导者了，发展的步伐会慢下来，管理者会因为成功而自大，导致因循守旧而失去创新的能力。

经济发展史上，庞大的企业因为思维僵化而失败的例子比比皆是。描述金融市场周期变化的明斯基定律其实也适用于企业，成熟企业的领导者应该提醒自己，企业最辉煌的时刻，很可能已经种下了失败的种子。持续吸引人才，为人才打造出创新的空间，让团队充满韧性，创新组织管理来保持企业的动能，这些都是成熟期企业管理者需要关注的重点。

如何对待创业的老臣？

1998 年，当奈飞发展到 40 人的规模，DVD 租售业务有了一定起色之后，大股东哈斯廷斯（Wilmot Reed Hastings, Jr.）选择向当时的CEO伦道夫（Marc Randolph）摊牌，他认为伦道夫不再适合单独带领奈飞向前走，并希望加入公司，成立两人的管理团队，由哈斯廷斯担任CEO，而伦道夫则专任二把手。

在一年半的创业经历中，伦道夫不仅帮助奈飞进入了成长轨道，完成了"从0到1"的转变，也帮助企业塑造了特点鲜明的文化，其中之一就是后来被《奈飞文化手册》总结为"残酷的坦诚"的文化。伦道夫希望员工之间都能够坦诚相见，指出错误，共同成长。而哈斯廷斯的这次摊牌，也恰恰是"残酷的坦诚"的实践。

哈斯廷斯用伦道夫教给他的"狗屎三明治"（Shit Sandwitch）的方式来向他摊牌：先讲一些伦道夫的优点，然后一一列举他所犯的错误，主要是融资不力和缺乏战略方向感，最后再加上一两句安慰的好话，强调未来还可以一起合作。哈斯廷斯的坦诚，让伦道夫知道虽然自己面临的是一场"宫廷政变"，自己将失去对公司的主导权，却又很清楚哈斯廷斯分析的正确性，奈飞的后续发展，需要敏锐的战略方向感、强大的执行力，需要引入顶级的专业人才，需要持续融资的能力，这些都是已经创建并带领一家公司成功上市并退出，自己也跻身近亿美元身家俱乐部的哈斯廷斯擅长做的事情。为了公司的未来，自己必须让贤。

伦道夫自认也是优秀的人才，但是他很清楚，与哈斯廷斯相比，自己仍然差了一大截。尤其是在一个市场瞬息万变、风险资本期待指数级增长的时代，一个能融资、有战略头脑的 CEO 更适合推动创业公司的发展。他清楚，如果说自己是帮助奈飞"从 0 到 1"的那个人，想要让奈飞"从 1 到 100"，哈斯廷斯的全身心参与的确会带来巨大改变，因为他是可以跟乔布斯、贝索斯比肩的人。

伦道夫对哈斯廷斯没有一句抱怨，他决定让位，因为他服膺《奈飞文化手册》的另一条原则：一切决定把公司的利益放在第一位。而这一决定被历史证明是正确的，哪怕给他个人带来很大的牺牲。

之后一段时间伦道夫与哈斯廷斯分工明确，伦道夫负责前台，比如网站、营销、DVD 的选择，而哈斯廷斯负责搭建确保公司快速发展所需要的中后台，包括财务、运营和 IT 系统。哈斯廷斯不断延揽有经验的专业人士进入公司：硬盘企业希捷公司的 COO 处于半退休状态，加入奈飞负责运营；资深财务人替代初创期间的财务主管，目标是加速企业上市的步伐；后来撰写出《奈飞文化手册》的奈飞前首席人才官麦考德也在这一时期加入奈飞，为奈飞的企业文化注入了全新的元素。

过了几年，到奈飞上市的时候，伦道夫已经变成了一名普通员工，而跟他一起创业的40多名元老此时已经没有一人留在公司。虽然这家公司已经不再是他理想中的公司了，但这并不妨碍伦道夫兴奋地参加敲钟仪式，因为奈飞已经变成了一家大公司，正在奔向伟大公司的路上。

奈飞用"残酷的坦诚"来解释创业成员的凋零。对于大多数中国企业而言，这样的文化或许并不一定适用，至少不能直接照搬。但奈飞的案例却很清楚地点出了企业发展过程中一个关键的人才问题：当企业成长壮大之后，跟着你一起创业的那班老成员，到底该怎么安排？

十分人才

全球著名资产管理公司黑石集团（Blackstone Group）的老板苏世民（Stephen A. Schwarzman）就明确提出，发展壮大的企业要持续成长，必须吸引顶级人才，也就是他强调的"十分人才"。

什么是十分人才呢？就是指无须得到指令，就能主动发现问题、设计解决方案,并将业务推向新的方向的人才。苏世民特别提出,自己创建的私募股权公司黑石集团如果要开发新的业务线,需要满足三个条件:必须具有为投资人带来巨大回报的潜力,必须可以增强黑石的智力资本,必须由一个十分人才作为负责人。

但是最早跟着创业者创业的元老一般不大可能是十分人才,企业发展了之后,该怎么对待这批人?苏世民的答案很冷酷:创始人要狠得下心,裁汰老人,为十分人才腾出位子来。

不少创业者可能会觉得自己的任务就是连哄带骗,让不合格的员工将就着干活,凑合着把问题解决,尤其当这些人是跟自己"从0到1"的老员工时,便更难狠下心来裁掉他们。这些不合格的人中有不少只是六分或七分的人才,也是创业者最有可能在创业早期招募到的人才。苏世民提醒,如果你因为恋旧或者没有变革的勇气而选择留下这些人,那么公司最终会无法正常运转,老板也需要一个人完成所有的工作,毕竟,能陪老板熬夜加班、成就事业的人屈指可数。

摆在创业者面前的是两种选择:要么持续经营一家没有前途可言的公司,要么清除掉自己一手拉扯起来的平庸队伍，让公司获得重生。苏世民的建议很简单，如果你充满雄心壮志，就必须努力为公司招募九分和十分的人才，并委以重任。换句话说，如果公司想要获得成长，企业的人才结构也必须"腾笼换鸟"，让跟着创业的老人挪位子，由更为专业和高效的人才来替代。

晋级的球队

我们常用"铁打的营盘流水的兵"来形容军营和士兵。类似的比喻也适用于企业与员工的关系，尤其是希望打造成为百年老店的企业。奈飞这家有20多年历史的全球最大流媒体公司，对自己的员工也有类似的比喻。奈飞的CEO哈斯廷斯把公司和员工的关系比喻成球队和球员的关系，而奈飞无疑是一支在不断晋级的球队。

一家企业创业之初就好像一支业余的球队，每一个重要位置上都不一定能找到最专业的人，甚至在很多情况下，最可能出现的是多面手，就好像墨西哥队曾经有"花蝴蝶"之喻的守门员豪尔赫·坎波斯（Jorge Campos），在球赛的最后时间点也会客串一下前锋。

一家企业逐渐发展壮大，好比业余球队在竞争中脱颖而出，变成丙级队，接着打入了乙级联赛，如果还能上市的话，相当于拿到进入甲级联赛的入场券。这个时候，球队还是那支球队，球员却可能要发生翻天覆地的变化。大球队最常见的调整，一方面是引入大牌球星，另一方面则是招聘大腕教练。这也是许多硅谷创业公司在进入"青春期"之后，都会引入有经验的"成年人"的原因。扎克伯格有年长10岁的桑德伯格（Sheryl Sandberg）作为公司的COO，为运营掌舵；谷歌的两位创始人也请来资深的管理者施密特（Eric Schmidt）担任CEO兼董事长10年之久。

飞速发展的企业，其内部的人才淘汰是残酷的。在发展初期，它需要创业者构建进入快速发展轨道的发射塔，当时也只有一帮业余人才才能帮助企业快速进入轨道。但当企业有了基础之后，就能吸引到更优秀、更专业的人才，也需要吸引更优秀、更专业的人才，这时候的淘汰，不是优胜劣汰，而是合适的人替换掉已经"落伍"的人。这种"落伍"可能是无法契合新的领导者的要求，也可能是缺乏专业领域内的训练。

哈斯廷斯把奈飞定位成不断晋级的球队，就是要刺破那层"公司是大家庭"的温情脉脉。他认为，要让公司成为百年老店，或者说铁打的营盘，只能是专业球队一种打法。公司如家的比喻不合适，原因恰恰在此——不能用恋旧的情感来替代对每个人能力和适应性的考核。

在奈飞，每个人都需要证明自己是场上最适合那个位置的人，每个人都需要团队协作，帮助公司去赢。管理者应该根据情况的变化对球场上的位置做调整，球员仅仅努力是不够的。被替换下场的球员也没有什么羞愧的，为了公司能在打怪升级的路上走得更远，个人的荣耀根本不值得一提。当然，奈飞也愿意给出 4 到 9 个月的工资，确保被替换的球员能够体面下场。

当然，公司与球队的唯一不同是，球场上的球员人数和位置都是固定的，但公司却可能因为发展而创造出更多岗位。

用球队来比喻公司与员工的关系，背后还有朴素的"木桶原理"来支撑。有效应对快速多变的商业环境，与团队的协作和努力分不开，而高效能的团队中是不能容忍平庸的人的，因为决定团队效能的，是组成木桶的最短板。很多牛人在一起，相互磨砺，可以走得更远。

《文化地图》(*The Culture Map*)的作者梅耶（Erin Meyer）教授在搜索商学院文献时也发现了类似的实验结果。当一群精英大学生被分成 4 人一组完成项目的时候，实验者故意安插了一些演员加入不同的团队。有的人扮演懒虫，专拣容易的活干；有的人扮演捣蛋鬼；有的人则是那种怨声载道地给整个团队带来负面情绪的人。实验证明，大学生很容易被各种负面情绪带入，也很容易有样学样偷懒，只要团队中有庸人，效率就会大打折扣。

因此，哈斯廷斯的管理哲学强调：公司不能容许有庸人存在。聚合一群牛人，他们相互之间的互动、鼓励和竞争本身就能提升公司的管理质量和效率，为此付出市场上最高的价格争夺人才是必要的。如果发现庸人，或者那些并不能够做出最好成绩、工作状态一般的人，尽快用优厚的分手费礼送出门，也是最佳的选择。

为此奈飞文化中还特别强调"留人测验"：如果一个下属要离职，看看你会多努力把他留下来。如果你觉得他不值得留的话，直接就可以让他离开，腾出位子来找到更优秀的人才。

反思：牛人扎堆就好吗？

"一将功成万骨枯"，放在企业的发展史上，或许应该换成一"司"功成万骨枯。当然，这种追求十分人才的"冷酷"策略是否通用，十分人才是否真正强于创业阶段的多面手，尚无定论。多数人会认同企业在不同的发展阶段需要更合适的人才的观点，但当创业企业发展到一定阶段再引入高效能的专业人士，是不是一种让他们"下山摘桃子"的做法呢？这也是值得进一步研究的人才议题。

在我们探讨奈飞和黑石的人才管理经验是否具有通用性时，必须强调两者的特点。

奈飞整体而言是一家被程序员所主导的高科技企业，在最近10年流媒体转型过程中又成功嫁接了好莱坞文化，为之注入了全新活力。它所秉持的精英主义有它的行业局限，这在黑石这样的华尔街金融公司身上就体现得更明显了。所以，奈飞的案例，更值得那些知识工作者扎堆的企业参照。

此外，牛人扎堆也会带来一系列其他的问题。

第一，十分人才是典型的精英主义标签，会不会塑造单一的企业文化，让企业缺乏包容多样性的文化？毕竟，在一个充满变化的世界，多样性变得更重要。在第三章中，我们特别强调了多样性的重要性。精英扎堆同样面临同质化的挑战。

第二，一帮牛人聚集在一起真的是最有战斗力的吗？

在谷歌前CEO施密特撰写的《成就》(*Trillion Dollar*

Coach）中，就特别提出高管教练的重要性，硅谷大名鼎鼎的高管教练坎贝尔（Bill Campbell）在牛人扎堆的公司里，最重要的一项工作就是帮助强势的管理者相互协同。

牛人扎堆的地方，每个管理者都很强势，但是如何确保优秀的人坐在一起成为一个团队进行有效协作？如何确保每个高效能人士都有清醒的自我认知？如何确保领导者拥有大局观，不被自己的自大所误导，以公司的长远利益为重？这一系列问题，需要高管教练这样的局外人来协调，凸显了十分人才也有其显著的弱点。

第三，讲求团队合作的足球赛事也时常会爆出没有明星的黑马球队。2016年英超联赛上就曾经出现一支名不见经传的小球队莱斯特城队夺得冠军，引发热议。很多人据此提出疑问：每个位子上都是最牛的人，球队就能磨合成一支顶级球队吗？或者说，莱斯特城队至少证明了，的确有机会用一帮非明星的球员打造出一支可以与明星球队抗衡的球队。反驳的人会说，莱斯特城队的胜利并没能持续下去，如果从英超几十年历史来分析，仍然是球星云集的大球队赢面要大很多。

运气之外，人才与企业的相互选择，最重要的或许是适合！有时候是优秀人才与优秀企业的风云际会，有时候是两者共同成长，彼此成就对方，有时候也是优秀人才带动企业成长，由专业的人解决专业的问题。这就回到了本书最重要的主题：在一个快速变化的时代，旧有的能力标签（精英也好，专家也罢）都可能快速折旧，过去丰富的经验如果运用不当，也并不能确保未来的成功，适应力最重要。

4.2 团队管理

前一节着重分析了领导者、人才、团队在企业不同发展阶段需要有什么样的改变。但无论外部环境如何变化，组织如何进化，团队管理本身也是很值得钻研的领域。这里的团队管理，可以套用国内组织的一系列说法，比如如何搭班子、怎样组成创业的团队，或者如何激励可以直接管理的小团队。

首先要从领导者入手

在第三章中，我们已经谈过，面向未来的管理者一定不是或者至少不只是直接上阵打仗的人。相反，在知识经济的网络组织中，他的首要职责是筛选人才、构建团队、创造文化、赋能每个人。换句话说，一个好的管理者首先要能作为员工的"导师"（mentor）。

一个好的导师，需要至少做到以下三点。

首先，他需要支持每个人的成长。 每个人的成长需要工具、资讯、培训和辅导。有句话说得好，"你的信息管道决定你的命运，也决定你的成就"。每个人都需要终身学习。好的领导者会营造终身学习的氛围，给予资源。好的领导者很清楚，自己的成功是建立在下属成功的基础之上的。通过成就他人来成就自己，是好的领导者最需要参悟的管理法则。

其次，他需要尊重每个人的发展目标，给每个人充分发展的空间，帮助每个人实现职业梦想。 在聪明人扎堆的地方，一个领导者优秀与否，取决于他是否能够吸纳各种人才，又能够把他们的个人目标统一在公司发展的总目标之下。

最后，是信任， 他必须放手让大家去干活，要求每个人都遵守承诺、讨论问题、评价成败，应该做到对事不对人，保持开放的心态，并且可以包容不同的意见。好的领导者在工作中允许有不同意见，但要尽量去减少人际上的冲突，不要积累成为办公室政治，这也需要领导者有大智慧。

在第五章"领导力"中，我们还会更详细地讨论领导者应该具备哪些重要的领导力。

如何构建一个有效的团队

皮查伊（Sundar Pichai）上任谷歌 CEO 后不久，专门向硅谷最著名的高管教练坎贝尔求教，自己应该怎么做管理。

坎贝尔的建议很中肯，他认为在 CEO 这个层级，领导者应该在考核人才、选择人才和培养人才上花最多的时间。CEO 最重要的角色是搭班子、建团队、选择人才，并给予人才以支持。坎贝尔的另一条建议也是大白话：在搭建团队的时候，CEO 应该选择能人，比自己更牛的人，而不是自己的吹捧者。牛人的标准很简单，即在任何一条线上或者部门的工作做得比 CEO 还得力的人。

皮查伊显然把坎贝尔的教诲放在了心上，领导谷歌几年下来形成了"用人不疑，疑人不用"的管理方式，把自己信任的人放在重要的管理岗位上，给他们支持，让他们有充分的自主权去发展。2020年，谷歌的两位创始人把母公司 Alphabet 的 CEO 位子也让给了皮查伊，显然对他的工作比较满意。

那优秀人才又有什么特点呢？

首先是聪明。他们不一定需要名校毕业，但未来的人才一定是能够跨界找出相关性的人，跨界越远越好，能够在不同领域内快速学习和找到关联度将是巨大的优势。

著名数学家、投资人西蒙斯创建的对冲基金复兴科技（Renaissance Technologies）就专门招募了天文学家加入研究团队。他看重的是天文学家分析数据的能力，他们能从海量的复杂数据集中爬梳出微小模式的证据，这让他们有更多机会在市场中发现被遗漏的模式。

其次是工作努力，同时具备道德操守的人。前者毋庸讳言，很少有成功者是不努力的。后者需要着重强调。中国有一个成语叫"德才兼备"。英文单词 professional（专业）中就隐含了基本职业规范的意思。对人才操守的要求，当然并不需要非常高的德行，但需要遵守基本的职业规范，至少做到不贪污、不造假、不歧视、不搞潜规则。

再次是坚韧性，即具有锲而不舍的精神，能够从失败和挫折中站起来的人。企业需要适应性和韧性，人才亦是如此。

最后一点非常重要，需要面向未来招聘人才，注重潜力而不是已有的经验。在剧变时代，知识和经验的折旧会加速。企业需要拥有终身学习能力的人才，同时也需要他们有开放的思想、有好奇心，愿意接受新事物，喜欢尝试解决新问题。

亚马逊选拔人才有三个标准，也很值得参照：首先，这个人是否值得尊敬；其次，他是否能有效提升整个团队的平均水平；最后，他是否有可能在某一方面成为明星。

这三点和上述的选拔人才标准很契合，有基本要求的努力和操守，有作为团队一分子的功效，因为木桶定律界定了团队的平均水平，最后一点则契合知识经济中的幂定律，因为它很可能创造明星级成员，而明星级成员所产生的效能可能是普通员工的100倍。

优秀团队的特质

首先是要给员工带来心理安全感。员工的心理安全感来自领导者的信任，有了心理安全感，员工才会愿意冒险和尝试新鲜事物，而不用担心因为失败而受到处罚甚至丢掉工作。其次是清晰的目标。最后是团队每个成员都知道自己的角色，都能体会到自己对于团队的价值。

这三点很好地诠释了团队中的动能。领导者需要在团队中营造信任的氛围，让每个人都觉得可以相互依赖，也要让大家有明确的目标，同时清楚自己的工作能够创造价值。

斯坦福大学前任校长汉尼斯对团队管理有自己的一套经验，他认为团队需要尽可能多元，因为最有创造力的团队一定拥有尽可能不同的技能、观点和性格特点，而管理团队需要鼓励争论，但应避免个人之间的相互攻讦。

他认为，团队协作要考虑4个方面：首先，要树立共同的目标；其次，对任何点子都不要批评；再次，不仅要允许提尖锐的问题，有时候更是必须提；最后，团队完成任务需要有仪式感的庆祝，对于临时组成的团队尤其如此。在未来的工作中临时组建团队会变得司空见惯。

领导者之间的合作也很重要

组织领导班子需要每个人都清楚自己的位置。在成为斯坦福工程学院院长之前，汉尼斯有一段创业经历，即和后来创建网景公司的克拉克（Jim Clark）一起创建新一代架构的电脑芯片公司MIPS。在这段创业经历中，两人配合时的互补性很强，每个人都清楚自己的位置。克拉克有宏大的愿景，对于自己想要做的项目有清晰的认知，汉尼斯是他的好帮手，帮他找到并完成实现愿景的工具。担任斯坦福大学校长之后，汉尼斯与教务长开启了一段16年亲密无间的合作。两人分工明确，汉尼斯主外，是斯坦福对外的名片；教务长主内，特别擅长管理。汉尼斯对教务长信任有加，很清楚地知道，如果一些场合自己无法出席，教务长是自己完美的代表；而教务长则没有任何要替代汉尼斯的野心。

此外，管理好团队，还需要打破科层，理解年轻人和年长者可以贡献的东西的不同。这在90后和00后一代加入职场之后，向年轻人学习变得尤为重要。年轻人常常能带来突破性的见解，因为他们年轻，充满活力，不会被科层所束缚，敢于挑战权威，也更愿意拥抱风险。此外，他们有更多机会接触新事物，学习使用新事物的速度快，他们也不会为声名所累（还没有成名），更不会被什么规矩或者先例约束，敢作敢为。有经验的年长者则有他们的相对长处，随着年龄的增长，他们可能更擅长与人打交道——领导者最重要的技能其实是与人打交道的技能，这也是年轻人创建的公司在成长阶段需要一位年长者辅导的原因——年轻人也会从年长者那里积累到更多的人生智慧。

◎ **案例六**

诺基亚的转型故事

诺基亚能够凤凰涅槃，成为专注于电信设备的制造商，董事长李思拓（Risto Siilasma）厥功至伟。

李思拓在 2010 年诺基亚最危险的时候受命，担任手机行业这枝"明日黄花"的董事长。欧洲企业的公司治理与美国最大的差异体现在董事长和 CEO 常常由不同的人担任。李思拓在自传《偏执乐观》(Transforming NOKIA)中梳理了推动转型的二步法：仔细梳理一家大企业全面溃败的教训，在董事会层面通过推动有效治理找到转机；基于情景分析的战略思考，抓住机会将诺基亚的手机业务出售给微软，依靠巨额收益成功推动企业转型。

李思拓有一并思考两个看似矛盾的问题的能力。他在自传中把这种能力总结为偏执乐观。面对逆境，希望推动转型，更需要这种矛盾统一的思维。偏执，就是要做好最坏的打算，只有对挑战有充分的预期，对危险充满警惕，才能让你真正对未来的前景保持乐观。

李思拓的这种管理思路其实也是从诺基亚手机业务大溃败中总结得出的。因为在非智能手机时代的成功，诺基亚的管理层在危险信号迭出的情况下仍然没有对变局有清醒的认识，根本没有对最坏的情况——诺基亚已经到了破产的边缘——做出预案，管理层在大转型期的乐观都是

"自欺欺人"的。

之所以能够偏执乐观，是因为李思拓从一开始就具备外部人的整体视角。作为诺基亚董事会的成员，他仔细观察了因为成功而盲目自信、最后失去了觉察外部环境变化能力的诺基亚管理层，梳理出一系列值得警惕的病症。

首先，董事会上听不到坏消息了。一旦企业重要信息流出现了梗阻，必须有所警惕。

其次，是管理层的自满。如果管理层对许多小问题不去主动刨根问底、挖掘信息、主动了解可能存在的深层问题，如果对下属听之任之，可能会导致隐藏的问题越滚越大乃至失控的风险。

最后，决策经常被推迟，甚至不了了之。管理者最重要的责任是做出决策并确保决策的执行，面对危机，尤其如此。出了问题，迟迟无法决策，显然是管理层缺乏主动性和责任心的表现。

虽然代理过 8 个月的 CEO，但李思拓更愿意在董事会层面参与和推动企业的战略转型。而他对董事会议事的一些经验总结，倒真是血泪教训的产物。

要在董事会上交锋，必须充分掌握情况，要让数字分析说话，避免情绪化。当李思拓在 2008 年以董事的身份加入诺基亚时，诺基亚仍然如日中天，董事会更像是荣誉委员会、管理层的橡皮图章，根本了解不到市场变局的暗潮涌动。当李思拓敏锐地觉察到问题时，当时的董事长根本不给他交锋的机会。

董事会的职责是推动企业管理的不断进化，尤其是工具和流程的进化。成功导致自信和自满，乃至看待问题时出现盲点，都是人之常情。但是在剧变的时代，迭代和进化是永恒的主题。董事会不是管理者，董事会应该是推动管理者进化的动力。

李思拓把诺基亚的转型成功归功于企业家精神：首先是学习能力，把任何一次挫折、面对的任何一个大问题，都当作学习的能力；其次是灵活度、信任、负责任，这一切都是企业家精神的要素。他特别强调建立信任的重要性，认为以诚意和开放的心态待人是管理者的必修课，因为信任是管理的润滑剂，也是团队共同努力的黏合剂。

BOX
为什么董事会的最优规模不超过9个人？

董事会的规模多大合适？人类学家的答案是5—9人，最多不超过9人。其实仔细去看一下很多办事小组的规模，基本上都以9人为限。美国最高法院的法官人数是9人。为什么会如此？因为从人类进化的历史上来看，一个高效率小组的规模大概就是在这个范围。

为什么说5—9人的团队规模是进化的结果？这个问题可以从狩猎活动去分析。与单打独斗相比，一群人一起狩猎的收获要多很多，捕猎失败的风险也要低很多。同时，比起一个人狩猎所释放的能量（卡路里），一群人平均释放的能量要低很多。

但是狩猎的人数也不能太多。假设一个由超过30人组成的群体，如果每个人都需要沟通一次才能确定如何去打猎的话，沟通的频次相比不超过10人的小团队要高出几个数量级。当然，在一个几十人组成的单一目的的团队中，也有了其他人滥竽充数的机会，用经济学的话来说，就是"搭便车者"的出现，这同样会拉低团队做事的效率，同时会因为"不公平"的出现而瓦解人与人之间的信任。按照进化学者的话说，当团队规模过大之后，团队的复杂性也呈现出指数级的提升，狩猎团队要花大量时间去沟通，反而没时间去打猎了，这种团队不可能有竞争力，从而在进化的过程中被淘汰。

所以，5—9人是最有效的小组规模，这恰恰是人类在进化过程中追求规模效益和规避复杂性所带来的不经济之间找到的比较好的平衡点。一个好的领导者，直接向他汇报的人也不应超过9人，也是同样的道理，因为在这样一个人数上，他能保持与每一个人的高效沟通，又不会因为需要与更多人沟通，疲于奔命而迷失了自己工作的方向。

一个创业团队规模的上限是多少人？从动物和早期人类的群聚来分析，基本上上限是150人，也就是依赖血缘关系所形成的部落的规模，这个数字也被称为"邓巴数字"。在这一规模下，每个人之间都可以保持关系的紧密度，但是已经达到了扩张的极限，因为再扩张下去所带来的人际关系的爆炸和关系紧密度的减小会带来很多问题。或者说，150人是创新团队的规模极限。

无论是9人小组的上限还是150人创新团队的极限，都是人类组织进化过程中的经验总结。

人类组织最重要的创举之一就是发现了"社会技

术"。所谓社会技术，简单通俗而言就是能够不断扩展合作规模，让更多人参与更加复杂、有利的非零和博弈的方法。这种社会技术最基本的雏形就是让八九个人能组成有着共同目标协作的小组，接着是演化出能让150个人分工合作、分配收益的方法，也就是激励机制。

当然，人类并没有止步于150人的部落规模，而是在从狩猎向农耕文明的进化中演化出更大规模的村落和市镇乃至城邦和国家，又在工业革命的推动下演化出大规模工厂和现代大都市，更在信息革命的推动下扩展了全球化，让全球70亿人都能够互联互通。

从这一视角出发，再去分析为什么小公司更容易创新而大公司更容易变得官僚僵化，组织为什么会变化，商业为什么有创新，经济为什么会有周期。这些问题都变成了一脉相承的问题，毕竟，由人组成的组织是一个复杂的适应性系统。

4.3 科学决策

为什么面临颠覆式技术的挑战时，大企业总是掉头难？哪怕船长永远具有远见卓识，也无法给需要资源的创新机构足够的资源。同样的悖论还有许多，并且一再在商业社会中上演：为什么大企业中总是会存在两种极端的现象：老板会加大赌注豪赌企业的未来，却可能依赖的只是自己的直觉，或者过于乐观的预测。相反，在基层更需要鼓励创新，鼓励冒险，这种冒险根本不会给企业构成系统性风险，却鲜有成功的案例，甚至往往在内部筛选流程中就胎死腹中。

在探讨完团队之后，提升管理的下一个层级是科学决策。在剧变的时代，在信息爆炸的当下，科学决策需要建立在组织动力学之上。组织动力学，研究的是组织内部信息如何传递、人才如何互动、问题怎样讨论，而在这一系列的基础上，决策者才能推导出制定决策的流程。和大多数人所理解的领导拍脑袋决策不同，应对环境变化的决策一定是一种有效的组织行为。

我们要探讨决策者所面临的挑战，首先是噪声。

决策者需要了解噪声的干扰，学会降噪

选择噪声作为切入点，不仅因为这是导致决策偏颇甚至失误的重要原因（仅次于偏见），也因为在"人＋机

器"的时代，人工智能与大数据为降低噪声、提升决策清晰度，提供了更多有效的工具。

什么是干扰决策的噪声？大致可以分为两类。

一类是针对同类型的问题，给出的答案有非常大的波动性。保险是常见的例子，如果类似案例在受理过程中估算的保费有很大的波动，就可能是因为噪声。法庭审案子是另一个例子，类似的案件，法官在量刑时给出的惩罚差别很大，也可能是出于噪声。这类问题的出现，一方面有违公正性，法律面前人人平等，犯类似的错误也应该惩罚相当；另一方面则有可能给公司带来巨大的财务和商誉方面的风险，保费应该对未来风险有比较科学的评估，如果保费忽高忽低，过高的保费显然有压榨客户的嫌疑，过低的保费则可能带来亏损。

另一类则体现在对同一个人或者事物未来的预测，不同的评判有很大的波动性。如何考核一个人的工作？如何评价一个候选人的能力？不同的人对同一位同事、同一个候选人给出差别很大的考核或者评价，很大程度上是因为噪声的存在。

考核一个人的工作、评价一个候选人的能力，其实是在对未来做预测，员工是否称职、是否值得提升，候选人是否适合特定岗位、是否可以为未来发展助力，这些判断在未来会被检验。同样，判断的准确度在未来也会被验证。问题是，如果噪声导致最初的判断有偏差甚至失误，可能导致个人职业发展脱轨，企业任用非人。

那到底什么会导致噪声呢？

诺贝尔经济学奖得主卡尼曼（Daniel Kahneman）在《噪声》（*Noise*）一书中审视了一些我们经常忽略的问题，即人在做出判断的时候，常常会有很大的自由裁量的空间。

自由裁量本身没有好和坏，但是如果不同的人对自由裁量规则的理解和尺度把握不同，就可能产生偏差。同样，人在做出判断的时候，也容易被先入为主的观念影响或者被不相干的信息误导，可能受到外部环境的影响，甚至被心情好坏左右。一个人在过度劳累的情况下也可能出现判断偏差。大多数人通常不愿意承认类似问题的存在。卡尼曼和他的合作者恰恰在《噪声》中点出了这些问题，而且一再强调，这样的问题貌似琐碎，却可能给决策带来巨大的扰动。

如何降噪？卡尼曼最主要的建议来自"决策卫生"的概念，其中包含一系列非常具体又实用的建议。

把复杂的问题分解成几组相对简单的问题，然后再去行使个人的判断力，就是很实用的增强"决策卫生"、降低噪声的方法。医院里衡量一个新生儿是否健康，在问题分解之前，完全取决于医生的整体判断，存在一定的误判率。当儿科医生把衡量新生儿健康的问题分解为五大因素，涵盖心率、体表颜色、反射程度、灵活度和呼吸时，就把判断健康的问题拆解了。其中一些因素可以直接用数据来衡量的，比如心率。而另一些主观判断也更简单客观。用单项打分加总后的总分数来评判新生儿是否健康，既容易又准确。这种做法给出了细化的规则，降低了医生的自由裁量权，却仍然依赖医生对具体因素的判断。

另一个比较简单有效的降噪方法是把不同的评价进行量化，然后求取平均值。当然，这么做的前提是要确保多位判断人能够各自独立地形成判断，而不是相互干扰。给出明确的决策指引和规则也很重要。同样的问题，每个人内心判断的尺度不同，有的人打分很松，另外一些人打分比较紧，明确的指引能够有效降低打分的偏差。

体育赛事中体操和跳水项目的打分就贯彻了降噪的原则。把对运动员表现的评价拆解成不同的部分。难度系数、连接和完成质量，都有具体的指引，分别让裁判打分，之后再加总，这样就可以尽量减少每个裁判决策时的噪声。同时，在计算运动员总分的时候，通常要去掉一个最高分，去掉一个最低分，然后再平均，这样又把不同裁判打分过程中可能的偏见（偏袒某个运动员）和噪声进一步减少。

大数据和人工智能也能规避人类受情绪影响决策波动的问题。许多研究都证明，机器模型比人的判断更准确，而人工智能又优于机器模型，因为人工智能的数据量更大，更能从海量数据中找出相关性。

有时候保留一点噪声是有益的

在大多数情况下，限制人的自由裁量权，引入流程和机器，甚至用人工智能替代人类做决策，的确能提高决策的科学度，但也有例外。

人类社会永远存在一组矛盾：规则的准确效率和人情的模糊变通之间的矛盾。明确的规则会尽可能压缩人的自由裁量权。但是给人变通的空间少了，一方面会让人觉得缺乏人情味，对于特定案例也没有融通的空间；另一方面会让人觉得自己就是流水线上的螺丝钉，没有任何创新的空间，压抑人的价值实现。人情给了人更大的自由裁量空间，也会让人觉得决策是有温度的，人是被尊重的，出了问题总能找人去评评理，面对的也不是冷冰冰执行规则的机器人。但做出这些判断可能费时费力，也可能带来不公，甚至出现"走后门"这样的猫腻。

不过，在一些情况下，的确可以保留一定的自由裁量权，让规则变得模糊一点，留下给人判断的空间。

强调标准而不是具体的规则，可以避免给人留下钻空子的机会。比如，如果税法条目太具体明确，就可能留下钻空子的空间，催生表面上合乎规定但实质上违反法律精神的行为。同样，在学校里强调禁止学生抄袭论文的原则，但并不明确哪些行为属于抄袭行为，由老师来对具体事件是否涉嫌抄袭做判断，反而会增加一分震慑力。

归根结底，噪声恰恰是混乱与秩序的差别。在一个行止有序的世界里，一切都按部就班，却让人觉得机械乏味。在一个相对混乱的世界里，虽然充斥着噪声，却也给了人更大创造性和试错的空间。

比如，在一个算法统治的世界就可能有盲点，这被专业人士称为"摔断腿"问题。周五晚上有多少人会出去看电影，算法可以根据海量大数据中的各种变量做出预测。如果一个人碰巧当天跌断了腿，他就一定不可能出去看电影。但是否"摔断腿"这一因素，如果没有纳入机器分析模型的变量中去，就不可能被机器所考虑并预测。相反，人的判断是不需要因为导入"摔断腿"这样的新因素而重新建模的。

人的这种洞察力和灵活度在短期内是机器——也是规则主导的世界——所无法做到的。在当下这样快速变化、不断迭代的世界里，保持一定的模糊性，在决策过程的最终仍然保留人的判断，非常重要。很多因素仍然无法量化，比如价值观和潮流的变化飞速，如果不依赖人的直觉去判断就很可能"落伍"。

当然，这并不意味着人的判断力不需要训练。恰恰相反，降噪是避免坏的流程、环境和情绪引发的噪声干扰我们决策的重要环节，但好的决策力却取决于决策者有开放的心态，能放下执念，在新的事实面前勇于否定昨天的自己，能吸纳新的信息之后更新自己的认知，终身学习，快速学习。

在剧变的时代，能够考虑那些与自己的观念有所冲突的事实，更愿意倾听自己反对者的观点，和"决策卫生"一样，都有助于我们更好地前瞻未来，拥抱改变。

减少偏差

决策者依赖自省不足以查找自身决策中的偏差和盲点,还需要从组织动力学入手解决问题,依赖团队和流程来促进多元对话,鼓励不一样的观点。成功的战略各有高招,而所有失败的战略却彼此相似。成功需要打破规则,采取非常规的行动。所以研究失败很重要——这有助于我们牢记在什么时间点需要打破规则。

偏差其实就是一些自相矛盾的决策举动。追求成功,避免偏差是第一步。

单向门 vs 双向门

第一种偏差是过度相信直觉,对风险缺乏预估。相信直觉、相信经验,许多决策者都习惯如此行事。原因不难理解,因为这常常是他们的成功经验。但我们常常混淆了两种决策,一种是日常决策,一种是战略决策。

日常决策依赖直觉无可厚非,成功者都知道"一万小时定律",学习任何一种技能,如果在专家的指导之下,刻苦训练一万小时,一定能出成绩。在外部环境相对固定的情况下,经验直觉应对日常的决策绰绰有余。

但战略决策则不同,因为它有两大特点。第一,相对罕见。企业战略决策一般一年才会做一次,重大的战略转向不可能频繁发生。第二,十分重大。战略决策是以塑造整个公司长期发展轨迹为目标的,任何决策都会带来巨大改变,可能造成系统性风险。

问题是,许多企业无法分清楚日常决策和战略决策之间的差别,常常在日常决策上犯官僚主义的错误,在战略决策上却犯机会主义的错误,很可能发生"拍脑袋"式的盲动。

通过组织动力学的分析,不难理解为什么一些企业会有如此自相矛盾的举措,一方面日常工作谨小慎微,另一方面战略决策过度自信。其最主要的原因就是领导者缺乏对偏差的认知。

在做风险巨大的战略决策时,因为可能带来巨大的改变,主导者很可能是领导者本人,乐观主义容易占上风(成功的领导者中乐观派、有雄心者居多),相信直觉,相信经验。相反,当决策影响很小的时候,企业内部的风险规则则会取胜,一轮又一轮的评估,需要一定的置信水平,因此扼杀了许多小的相对高风险的内部创新项目。

对此,亚马逊老板贝索斯分别用"单向门"和"双向门"决策来比喻高风险的战略决策和日常运营层面的决策的显著不同。

"单向门"决策，顾名思义，是一种没有回头路的决策，需要管理层慎重考虑，需要从各个不同的角度去评估，因为一旦决策失误，就可能带来巨大的损失；"双向门"的决策则完全不同，决策如果失误，马上可以退回来，损失不大，不会给企业带来系统性风险。"双向门"决策很多时候具有实验性质，好的实验谁都不可能预测结果，失败也很正常。

贝索斯的态度很明确，高层管理者需要花大量时间在"单向门"的决策上，做决策时要慎之又慎；对于"双向门"决策，则需要尽可能赋能普通员工，让更多一线的员工参与决策，从而鼓励一线的实验和创新。

为了鼓励更多一线员工参与"双向门"决策，亚马逊制定了两个原则。第一点是减少说"不"的机会，增加说"好"的机会。员工有新想法想尝试，只要得到几百名中高层决策者中任何一个人的支持，就可以向前推进。第二点则是"我不同意，但是我支持你"，也就是即使遇到不同意见，只要大多数人同意，反对的少数人也要给予最大的支持。

强调"我不同意，但我支持你"也有两方面考虑。第一，避免大家花费大量精力在讨论上，尤其是并非至关重要的问题。如果我不同意，而你坚持认为你的想法是对的，那我支持你去做，需要的资源我也会给。第二，贝索斯需要高层管理者支持一线员工的决定，哪怕管理者自己不同意，因为一线员工可能掌握更多情况。

对于"单向门"决策，贝索斯也绝不含糊，他认为CEO首先需要成为CSO（Chief Slowdown Officer），即"首席放慢官"。

管理不确定性

第二种偏差是高度自信的偏差。

我们所处的剧变世界，又被称为乌卡（VUCA）时代，即具有高度波动性、不确定性、复杂性和模糊性的时代。而在这样的时代中做决策，如果高度自信，很可能被偏差绊个跟头。

首先，在高度不确定的世界中做出过于精确的预测不现实。与其希望更精准地去预测未来，不如花时间做情景分析，然后有针对性地做出预案（如何做情景分析，我们会在第六章着重讨论）。

其次，在变化的时代，我们必须区分能够影响的未来和不能影响的未来。换句话说，我们必须很清楚，哪些因素是自己和企业可以控制的，哪些是无法控制的。西谚有云："一个理性的人如果对那些自己无法控制的事情淡然处之，就能找到平静。"中国古语也说："尽人事，听天命。"

如果能分清楚哪些因素可控、哪些不可控，就能把乐观自信与盲目盲动区分开来。任何公司都偏爱乐观主义者，但对自己能控制的事情保持乐观，甚至能够鼓励团队一同努力，这是良性的自信，可以增加动能。相反，如果对不能控制的事情保持乐观，要么是盲动，要么是做鸵鸟。

最后，是一种源自计划谬误的过度自信的偏差。这也是一种盲目乐观，即对完成项目所需的时间和经费预估过度乐观，对风险也过度乐观，常常导致计划延期完成，也导致成功率比预想要低。

导致这种计划谬误有三个主要原因。

第一是确定目标之后倒过来推演完成目标的流程。许多领导者对目标有过高的热忱，拍脑袋敲定在什么时间用多少资源完成任务，下属只能根据目标倒推实现目标的流程。过高的热忱通常伴随着过度乐观。领导者没有外部视角来挑战他的想法，倒推作业就很可能闭门造车。

第二则是故意为之。这一点在西方许多工程项目的招标过程中常常出现。竞标时对工期和所需经费过度乐观，有助于竞标者压低价格，赢得工程。如果领导者只用报价来衡量，缺乏对工程复杂度的理解，就很容易落入计划谬误的陷阱。

最后一种则是以上诸多偏见——过度乐观、计划谬误和相信直觉——的大合集，企业通常通过否认风险的存在来克服风险规避倾向。这也是企业内部的偏差发展到极致的案例。提议决策的人了解领导者厌恶风险，企业也有对各种风险的把控，唯一能够让领导者为决策开绿灯的做法，是把有风险的构想包装成可靠的事情提出来，这样做就更容易得到批准，而不会给人留下冒险的印象。

如果领导者面临这样一种情况，下属只提出了一种方案，没有备选方案，也没有考虑到其他的选择项，就很可能落入这种偏见。下属希望向上传递的是确定性，是自己的笃定，但现实却是充满不确定性的，需要有预案和备选方案。

诺基亚面临智能手机生死大考的关头，就犯了类似的错误。2011年，智能手机俨然已经是苹果和安卓双头竞争的局面，诺基亚在放弃自己研发的塞班系统之后，面临智能手机何去何从的重大抉择。

结果，诺基亚选择与微软合作，希望下赌注成为手机操作系统的第三势力。不过恰如谷歌的一位高级副总裁当时的评价：两只土鸡加起来也变不成一只老鹰。微软和诺基亚的联手风险其实非常高，因为网络效应导致的"头部效应"（苹果系统与安卓系统的强势崛起）明显，给第三势力的时间太短了，即使是硬件厂商，也优先把最新的芯片给了苹果和安卓手机，微软、诺基亚手机缺失了太多机会。

但是在诺基亚管理层讨论战略转型——选择是否与微软合作时，没有人提出反对意见，所有内部文件都指向与微软合作的双赢。其实当时诺基亚有另外一个选择，而且是风险要小得多的选择，那便是加入安卓阵营，因为安卓阵营正在快速扩张。以诺基亚当时的全球市场营销网络和与全球各大运营商之间的深度联系，如果选择加入安卓阵营，一定不会比三星和华为这样的后起之秀做得差。

诺基亚当时的管理层犯的最大错误，一方面是选择了一个被包装成很确定的选项；另一方面是并没有做好情景分析，没有分析如果诺基亚和微软的合作失败，会给公司带来怎样的毁灭性打击。诺基亚彻底退出手机市场的结局，并不是苹果突然崛起之时，而是这次决策之后。

不作为很容易，但风险非常高

第三种常见的偏差是不作为的偏差。

不作为大致可以分为三种：第一种是做事依赖惯性，第二种是"不求有功，但求无过"，第三种则是延迟症。

先来看惯性。经济学中有一个沉没成本的概念，也就是已经花掉的成本在做新决策时不应再考虑。可是很多时候，决策者往往走不出沉没成本的谬误，总是不甘损失，往注定失败的投资中继续扔钱。商业领域里，通用汽车持续30多年在并不盈利的土星品牌上花费巨额投资就是一个案例。在政治领域内，美军在越南和阿富汗的行动，最终都是以失败告终，但无论是耗费的金钱还是造成的人员伤亡都是天文数字。

惯性也导致"船大掉头难"的问题，强大、盈利丰厚的老牌企业在面临市场环境的重大变化时，往往不能克服自身惯性，无力重新分配资源、推动改变。当然这背后还有一系列组织动力学的原因，比如锚定效应让人很难大刀阔斧去做出改变；而每个人出于自利因素的考虑，也常常让部门利益凌驾于整体利益之上，让那些可能"动了别人奶酪"的决策胎死腹中。

"如果不知道该找谁来做 IT 咨询，找 IBM 就对了"，"大企业找麦肯锡或者贝恩做战略咨询，总不会错吧"。这些观念其实就是"不求有功，但求无过"的表现。

凯恩斯有句话说得更好：为人处世的智慧教导人们，宁可依循传统而失败，也不要通过打破传统去追求成功，因为前者的名声更好。"但求无过"的确是很多人的处世哲学，但也导致管理者无法做出大刀阔斧的决策。

拖延症同样是不作为的常态，尤其在重要的事项上。犹豫不决，当断不断，期待明天外部环境会发生改变，在自己能做出改变的时候不作为，往往将公司推向绝境。绝大多数公司都不会在面临剧变的时刻做出过度反应，即非常规的反应，而这恰恰是它们需要做的，遗憾的是，它们通常会犹豫不决，直到为时已晚。

还是回到诺基亚的例子。面对苹果智能手机咄咄逼人的攻势，诺基亚的另一失误就是无法做出改变自己命运的重大决策。

一方面，在研发自己的塞班智能操作系统时，诺基亚迟迟无法"壮士断腕",没有及时意识到自己的软件研发才是最大的短板,没做出改变。从硬件向软件的转型很难。软件的研发模式跟硬件不同,需要完全不同的人才去领导。因为"报喜不报忧"的文化,诺基亚CEO很晚的时候才知道,光是将写好的软件编译成机器可读的语言这一件事就需要48小时,改进后仍需要24小时,而这种持续的滞后,导致塞班的上市日期一拖再拖。

另一方面,诺基亚沿用自己在非智能机时代的商业模式,希望用相对过时的零部件组装机器,换取更高的毛利率。这种模式在竞争对手很弱而消费者选择有限的情况下帮助诺基亚赚取了超额利润,但在竞争对手咄咄逼人、以速度和体验制胜的时候,就凸显出诺基亚的短板了,尤其当产品推向市场一次次推迟的时候,基本上新产品一上市就被淘汰,这是诺基亚手机业务在短短几年内崩溃的主要原因。

在现实世界中,不做决定比做决定更容易。要想克服这一偏差,首要的决定就是"承认确实需要做出一个决定"。

快速决策，下放决策权

对于大企业而言，做好决策的另一个重点就是快速决策，而要做到快速决策，一方面要敢于将大量"双向门"问题的决策权下放，另一方面也要建立内部迅捷的信息传导机制，以及快速响应的机制。

大企业，需要专注于速度，因为大企业有太多决策要做，即使犯错，也有资源去纠错，浪费时间讨论决策带来的损失可能更大。在很多情况下，强调速度也是因为即使做出了错误的决定，也可以很快发现，然后做出更正确的决策。

领导者如果想要对系统的运行拥有全面的认知，首先需要解决信息不对称的问题。无论是官僚系统还是企业组织，大都体现为科层组织，都面临规模日益庞大、复杂性不断提升而外部世界又快速变化、"黑天鹅"频发的多重挑战。复杂系统中需要有人能够掌握全部的信息，确保信息顺畅流动，让领导者能够获得准确及时的反馈，并据此快速做出决策，这对组织的有效运转至关重要。

在大企业，快速决策需要授权（权责要相等）。一个大事小事完全依赖大老板拍板的组织是无法做出快速决策的。如何授权，到底把什么样的问题授权到哪一层级来决策，决定了决策的速度。下属如果没有授权，需要层层汇报，可能耽误了决策窗口，而且领导也不一定有足够的信息和能力去做出准确的决策。

奈飞就有善于授权、鼓励快速决策、鼓励员工做实验的企业文化，而这种文化的生命力体现于鼓励创新。

鼓励创新需要几方面的努力。

首先，需要来自基层的创新，让每个人都拥有主人翁的意识，也乐意贡献，能够做出决策，每个人都成为有创造力的决策者，这样他们才会对公司的成功充满期待；其次，决策不需要审批，尤其不需要老板的审批，奈飞的特点就是不需要取悦老板；最后，在每个新人加入公司之后，大家去为自己认定有前景的项目下赌注。衡量一个人成功与否，主要看他是否敢下赌注，以及用完筹码之后的整体表现，没有谁会因为一次失利而被淘汰。这种包容失败的文化很重要。

奈飞很清楚，下放决策权就是让每个层级做决策的人都有签字权，都要对自己提倡、领导的项目负责任。创新就需要鼓励大家去承担风险，拥抱失败，同时从失败中吸取教训，最终让胜利的赌盘更多。

奈飞也建立了一系列具体的做法确保每个人基于自己

判断力的决策有更大的赢面，或者当失败的时候，教训也能帮助所有人在未来少犯错。

第一，兼听则明，鼓励决策者与更多人讨论想法，倾听别人不同的意见。这一点对很多公司而言并不容易。决策时向谁咨询？如何评价这些不同的意见？这都需要有企业文化的指引，并形成一定的氛围。

第二，虽然鼓励冒险，但对于大的赌注，最好先做实验。例如奈飞的 CEO 哈斯廷斯一开始认为奈飞既然是流媒体公司，就没有必要提供下载选项。产品负责人对此不认同，认为在网络环境差的地区，下载提供了更优质的用户体验。尽管 CEO 很执拗，但产品负责人仍然在印度和德国做了广泛的调研，也调研了竞争对手亚马逊的用户，用数字分析来改变老板的想法。

第三，对于失败的结果，要敢于曝光，在阳光下展示错误。很多人在意高光时刻，老板对于成功的赌盘，一般都会公开地庆祝。但对于失败的赌盘，尤其是自己没有成功的尝试，也就是低光时刻，同样要敢于在同事面前展示和剖析，但不是为了指责失败，而是鼓励从失败中吸取教训。

4.4　鼓励实验

管理者需要做实验,并不是剧变时代才提出的新课题,管理大师德鲁克(Peter F. Drucker)60年前在《明天的里程碑》(*Landmarks of Tomorrow*)中就特别提出:管理者的一项重要的工作就是探索未知,尝试那些外人看来不可能的选择,为未来做准备。

德鲁克提出,等到增长放缓再来追求新的机会,为时已晚。这也是另一位管理大师汉迪(Charles Handy)提出第二曲线的原因。企业一定要在其鼎盛期开始规划第二曲线,在衰败期再做就来不及了。

此外,德鲁克还提出,因为任何一项实验成功的概率都不大,组织必须同时尝试多个新机会,同时领导者必须认识到所有这些实验的探索都具有不确定性,只能成功的实验不是实验。

换句话说,企业内部需要构建一种奖励实验的机制,而不是奖励实验成功的机制,两者有着本质的区别。领导者需要奖励精心设计的实验或是投资组合,而不是奖励它们取得的结果。要真实验,而不是假实验。

PDCA

小步迭代是亚马逊在决策和执行过程中不断推进实验的做法，这在亚马逊内部被总结为PDCA快速循环，即计划（Plan）、实施（Do）、检查（Check）、行动（Act），每周或每两周就循环一次，管理者和团队在这样的循环过程中得以不断提升。

鼓励实验，因为贝索斯相信加倍实验就能有加倍的创新。他很清楚，一家企业有多成功，取决于它如何应对失败，以及能在多大程度上从失败中吸取教训。当然，要做到这一点，就需要有包容失败和汲取经验的文化。

奈飞的成长历史上就有过许多实验，而且奈飞的管理者很清楚，实验出真知，没有什么点子会是坏点子。但需要注意的是，做实验也千万不要过度准备。

在奈飞创立早期还是一个邮寄租借DVD的互联网公司时，创始人之一伦道夫去库房看见大量DVD积压的情况，回来就跟CEO哈斯廷斯一起讨论解决问题，两人经过一番"头脑风暴"后产生了一个新点子：为什么奈飞需要存储大量的DVD？为什么不能让用户把DVD存在家里？为什么要收逾期费用？

收取逾期费用，是奈飞从竞争对手百视达（Blockbuster）那里学来的，当时百视达的主要盈利都来自对其用户收取高昂的逾期费。当然，这么做的代价也很明显，不仅用户体验不好，而且很容易形成负面的口碑传播。

伦道夫与哈斯廷斯讨论后，提出了一个好的实验想法，如果鼓励用户把 DVD 留在家里，鼓励用户一次借好几部 DVD，在心情最合适的时候挑选最合适的 DVD 来看（这本身又是一个非常值得挖掘的潜力点，可以说是未来流媒体时代视频点播的雏形），那么用户黏性会加强，公司也不需要建设庞大的库房存储 DVD。沿着这一思路向下推演，最终形成了 DVD 订阅服务的想法，用户每月支付 15.99 美元，可以一次租借 4 部 DVD，爱看多久就看多久。

从点子讨论到产生想法，再找用户实验，最后获得非常积极的反馈，奈飞完成了自己商业模式的迭代，从租售服务到订阅服务，从利用互联网颠覆传统零售到为用户提供他想要看的影片。

通过不断实验和迭代，到 2000 年的时候，奈飞在美国已经成为 DVD 租赁的代名词。它也需要再次做出选择，是允许用户在网站上随意租借，同时推广月付费的订阅服务，还是有所取舍？有了前一次的经验，奈飞很清楚，要想真正成为有特色的公司，就必须做出选择，专注地把一项业务做好。而且在 2000 年的时候，奈飞已经有了算法的概念，也就是为用户推荐影片的系统，这个系统基本上兼顾两方面的内容：一是根据用户之前的行为和表现做出推荐，有时候也会做出关联性的推荐；二是帮助奈飞做好库存管理，确保用户的首选能够满足，同时也更好地推荐一些冷门（压库存）影片。

算法时代，让实验变得更快捷，反馈也更及时。

实验推动创业

租借 T 台（Rent the Runway）是一家女装租借公司。想出这个好点子的创业者希曼（Jean Hyman）是哈佛大学商学院的学生。而要想把一个好点子变成一个实际的商业案例，首先要和人分享。伦道夫和哈斯廷斯一起想出奈飞的点子之前，在通勤的路上讨论了大半年，一般都是伦道夫提出利用互联网解决老问题的想法，由哈斯廷斯来"拍砖"。

租借 T 台的创业者也懂得分享的重要性。分享是一种思维的实验，自己觉得好的点子，邀请别人来"拍砖"，可以让点子更完善。希曼在第二年与商学院的同学分享，并且一起创业。此外，她还与其他服装业内人士聊，倾听他们的"拍砖"意见，而且希曼邀请的方式很直接，"我办一家让女性可以租借衣服的公司，这个点子有问题吗？"

她与明星设计师沟通得到的启发是需要多品牌战略，而不是成为某个品牌的"云上衣柜"（即平台的概念）；在与传统高端服装零售企业的 CEO 聊过之后，她才发现，隐形租借是一件业内很常见的事情，70% 的服装都是没有剪标签、穿完就退还的。但是高端零售之所以容忍这样的行为，是因为这些人仍然是常客，仍然会购买其他商品，尤其是鞋子（因为鞋子试穿之后的消耗更明显）。

在创业企业的发展过程中，还会有意想不到的改变。比如希曼从来没有想到自己未来会成为全球最大的干洗衣物公司。创业一开始，租完收回来的衣服都是外包出去干洗。她后来发现，因为衣服的量太大，干洗便成了公司业务的核心。除了干洗，还有修补业务，这些都需要在很短的时间内完成，必须自己来做才能保质保量。

此外，实验也意味着需要从消费者行为中挖掘出新机会。在很多时候，消费者怎么做，比消费者怎么说要重要得多。搜集消费者行为数据，对未来发展至关重要。

希曼发现，用户租礼服，并不只是在周六的晚宴或者大型活动上穿，她们还会在周一穿到办公室。这一洞察很重要，原来爱美和打扮的需求每天都有，并不仅仅局限于某次大活动。这一洞察推动租借T台进一步商业迭代，不再限制用户怎么去使用礼服（污渍和破损都是可以用干洗和缝补来解决的），关键在于能否转换思维，跟上用户的行为，小步迭代。最终这家女装租借公司转型成为一家"订阅经济"的公司，真正成为消费者"云上衣柜"。

另一个例子是在线约会软件的迭代。在线约会应用Tinder很火，只要向右刷，就能与网友取得联系，很受单身男士的欢迎。Tinder是一家用户量较大的在线平台，与线下约会的模式相似，男士主动提出邀约是很常见的，但在后续的线上约会中却出现了女性被骚扰的问题，这也促使了其女性联合创始人赫德（Whitney Wolf Herd）的离开。

在线约会的赛道一度非常拥挤，但仍然有很多新人挤进来，赫德又被邀请加入新的讨论。她一开始很犹疑，后来在讨论中却发现了新的创业点：怎么让女性在约会平台上掌握主动性？这引发了赫德全新的思考："是不是能发明一款女性用户更喜欢的在线约会软件？"她随即付诸行动，创建了 Bumble，这是一款针对竞争对手 Tinder 且加入了不少改良想法的约会软件。Bumble 的最大差异化是只有女性可以开启聊天，颠覆传统观念中只有男性掌握约会主动权的刻板印象。

同样，好的创业项目一定要能跟随用户迭代。赫德很清楚，产品推给用户之后，要让用户成为公司最好的产品经理。从保护女性的视角出发，只有女性用户可以开启聊天，而且在匹配之后的 24 小时内，如果女性用户没有表示，匹配就会被取消。但设计者并没有想到，女性用户有所表示之后，并没有给男性用户一个反应的时间期限，这让女性用户很不满。后续的改变其实很简单，男性在收到女性的邀约之后，也必须在 24 小时之内回复。

随着用户数的增多，赫德发现，女性主导的 Bumble 不再局限于约会，女性的需求更多元，可能是寻求柏拉图式的友爱，也可能是找室友，甚至可能是寻找创业的伙伴，拓展自己的圈子。平台也随着迭代，满足看到的新需求。

领导者、人才、团队，每一个板块都是管理的要点，但最终，企业的成败还是取决于领导力，这是下一章我们要讨论的问题。

第五章

领导力——持续进化的务实思维

▷ 引子：为啥拍脑袋的决策漏洞多？

2005年，时任英国首相的布莱尔为推动英国公立医疗管理机构国家健保署（NHS）改革，希望引入数字化管理。倾听普通老百姓的抱怨后，布莱尔发现民众主要抱怨的是NHS看病预约越来越难、很多门诊提前一个月也约不上的问题。这是"助推"（nudge）[①]的概念刚刚开始流行的时代，布莱尔决定也要给NHS的医生注入一点改变的动力，为48小时内成功完成看病预约的医生发奖金。

这其实是一个典型的拍脑袋方案，貌似有效，其实治标不治本。NHS看病预约难，一定有深层次的原因，到底是医生人手不足，还是医院效率低下，或者是预约系统有问题，这些都需要调查研究。相比之下，给更快完成预

[①] 助推（nudge）：助推理论（Nudge Theory）由经济学家、2017年诺贝尔经济学奖得主理查德·塞勒（Richard H.Thaler）和法学家卡斯·桑斯坦（Cass R. Sunstein）在2008年合著的《助推》（Nudge）中提出，助推是"帮助推动"的意思，策略设计可以使用隐形和巧妙的策略来助推对象达成特定选择，整个过程就像是"用胳膊肘轻推一下"。

约的医生奖励，只能说是临时"头痛医头"的做法。没想到，结果比布莱尔想象的还要"谬以千里"。

推动了一项改革，布莱尔当然希望在老百姓面前显摆。在参加BBC的一档与选民面对面的节目中，聊到一半，布莱尔信心满满地提到自己为NHS带来的改变，然后问一位选民："最近看病还会遇到什么麻烦吗？"

这位妈妈白了一眼布莱尔，说："首相，你是不是不太了解真实情况？"布莱尔心里咯噔一下，难道NHS的服务没有改善吗？

这位妈妈接着讲述了自己的经历：她想为孩子预约一周后的门诊，总是约不上。布莱尔诧异了，为什么会这样呢？因为医院里只接受48小时以内的预约。想要约某一天的门诊，民众必须提前两天早上8点就打医院的热线，然后等上很长时间（还有很大可能无法打通），预约到两天内的门诊。换句话说，所有医生一眼就看出了政府助推政策的漏洞，既然48小时内预约的门诊医生都能拿到奖金，那么把所有的门诊都安排在48小时之内不是皆大欢喜吗？至于老百姓能不能约上48小时之后的门诊，则不是医院和医生考虑范围内的事情了。

布莱尔环顾四周，问观众是不是都有过类似的经历，许多人举起了手。

布莱尔犯的错,相信许多领导者都犯过。单一指标的考核,就可能"上有政策,下有对策"。不去深入挖掘问题背后深层次的原因,不但没法治标,还可能引发新问题。信息流动也是需要重视的问题,"高处不胜寒",领导者如果无法深入一线,很可能被一直蒙在鼓里。

锤炼领导力,就是要避免犯类似的错。

和大自然中的生物一样,企业也会沿着草创、增长、成熟再到衰落的生命轨迹发展,在鼎盛期提防自满和自大,在成熟期挑战保守和僵化,都需要企业家时刻提高警惕。在剧变的时代,适应力是坚持长期主义的根本。构建适应力,需要企业家不断磨砺系统的思维、战略的眼光、谦逊的心态,以及寻求改变的主动性。

规模定义领导力。企业在不同发展阶段所需要的领导力也不同。草创阶段,企业需要的是一专多能的人才,需要每个人都能够撸起袖子干活的团队。成长到一定规模后,企业需要专业化人才,需要强化组织和管理。这些都是领导者的必备能力。

华为在考核领导者时,特别强调三种能力。首先是自我认知力,也就是自省的能力,知道自己的核心优势和关键不足。人贵有自知之明，领导者尤其如此。这样才能在与其他人配合的时候取长补短，在工作中坚持终身学习。其次是实践学习力。学习不只是纸上谈兵，不只是培训、上课、阅读就能够完成的，需要经受实践的检验。一个好的领导者一定会在反复复盘中成长，提炼出方法论，完成管理的迭代。最后是开放学习力。优秀的领导者一定要有开放的心态，善于听取意见，懂得跨界的重要性，勇于破圈，打破认知边界。

领导者最大的考验是能同时推进两个相互冲突的任务，在取得强劲短期业绩的同时，为赢得长期目标而展开对未来的投资。要想完成不可能完成的任务，领导者必须构建领导力。

5.1　保持谦逊

百事（Pepsi）前CEO印度裔美国人卢英德（Indra Nooy）是美国少有的女性CEO，而且是在印度出生的少数族裔，因此算是美国企业领导者多元化的标杆之一。她担任CEO十二年，推动百事小步变革，称得上是一名守成的领导者。

有很多人会问,为什么印度裔那么容易在美国出人头地?其实每个人都有每个人的特点和际遇,卢英德能成功,至少因为她有一个好妈妈。

2001年她第一次被提拔进入百事董事会的时候,45岁的卢英德英气勃发,回到家里一股子自鸣得意的自满和自大。妈妈没等她开口宣布自己的"重大新闻",就指派她说:"家里没牛奶了,快去超市买点回来。"等她从超市回来,妈妈正色对她说:"把那该死的王冠丢到车库里!"

每个成功者背后,都有一个能够适时给他泼冷水的人,让他知道从自大中收敛,改自得为低调。

好的领导者,首先要学会做人。

霍尼韦尔(Honeywell)前CEO高德威(Dave Cote)就一直记得父亲的教诲:你在旗杆上爬得越高,就有越多的人看到你的屁股。类似的箴言很多,都是在告诫领导者需要时刻保有谦逊之心,因为谦逊是做人和成事的第一美德。

长期担任斯坦福大学校长的汉尼斯(John Hennessy),提出领导力的10项修炼,首要一条就是谦逊。

做大学校长怎样才能理解谦逊的意义呢?汉尼斯在尝

试去为大学募集资金时就感受到了。私立大学和所有其他私营机构一样，需要自己筹集资金。大学校长的一项最主要的职责就是向知名的企业家、成功的校友募集资金。

作为斯坦福的校长，汉尼斯可谓身居高位，拥有大量人脉资源，时间久了常常会自我陶醉，以为自己无所不能。这时候，募集资金的工作会给他迎面泼上一盆冷水，纠正任何潜在的自大或自满。要想募资成功，汉尼斯就需要了解同事的各种努力和准备工作，需要与潜在的捐赠人进行准确的沟通，让其相信学校可以管理好他捐赠的巨大财富，也可以付出同样的努力让这笔财富真正用到实处。汉尼斯的日常工作竟然有 1/3 到一半的时间（包括准备的时间）用于募资，可见募资责任之重，也说明了资金是最稀缺也是最重要的资源。

汉尼斯之所以把谦逊放在第一位，是因为他对领导力有独特的见解，也是作为非营利机构的大学的领导者所参悟的领导力往往与大企业领导者有所不同。非营利机构的领导者需要有更长远的眼光，因为成功的大学需要时间的积淀，需要几代人的努力建设，需要长期的传承。大学的校长也需要有更多的与知识阶层，包括教授、校董、校友平等沟通的能力，这时候谦逊的品格可以开启更多的门，创造更多的合作机会。

需要注意的是，谦逊的品格并非与生俱来的，需要后天去修炼。培养谦逊的品格首先需要放下你死我活、追逐零和游戏的成功观，树立一种推动双赢、多赢，通过成就别人来成就自己的成功观。通过成就他人来成就自己，是谦逊的核心。

谦逊并非没有野心。但汉尼斯强调野心有高下之分，为了满足一己鲜衣怒马的野心，相比于为了达成众人的目标而努力的雄心，格局要低很多。对后者来说，最大的美德是把获取的资源与更多人分享而不是独占，所以可以把野心和谦逊结合起来。优秀的领导者是为了他人的成功而服务的，不是因为喜欢这个头衔或者随之而来的职务之便而努力成为领导者，因为这样的人很可能无法肩负起领导者的责任。

培养谦逊的品格有几条基本的原则，首先就是忌讳给自己脸上贴金，自我吹嘘、自我陶醉。不需要亲自说"亲自"。有成就，不必颂扬，自然会有人记得。

同时要敢于承认自己的"无知"。在如今飞速变化的时代，谁能全知全能？敢于承认自己的局限，敢于承认自己的错误，是一个合格领导者必备的品格。要知道，在一个飞速变化的时代，多元观点和视角、多元团队的观察，一定比某个人或者某个小团体来得更有效。仅仅从信息搜集和分享上，多元团队就占尽优势。

人不可能全知全能，但可以努力学习，这应该是领导者最基本的自知之明。做到心胸开放，全方位学习的一项重要技能就是倾听。

5.2 学会倾听和对话

"别人说话时，你要从头听到尾。"海明威（Ernest Miller Hemingway）的这句话对许多管理者来说可能是个很好的指导原则。希腊哲学家，基提翁的芝诺也曾经说过类似的话："我们有两只耳朵一张嘴，所以我们应该多听少说。"

学会倾听，是好的领导者的必修课。亚马逊的老板贝索斯就说过，成功的人经常倾听，并且经常因此改变自己的想法。

如果你不经常改变自己的想法，就可能经常犯错。

贝索斯的金句包含了以下几层意思。

首先是倾听的重要性，在知识加速迭代的世界，能够从他人那里学到新东西很重要，而学到新东西就需要淘汰旧思想。思想的改变，即思想的新陈代谢，主要来自两方面推动：一个是科技的进步带来全新的可能性，另一个则是新的研究和新的数据推翻了之前的判断和结论。

其次是倾听完之后要付诸行动。如果被别人说服，或者了解到新的信息、新的想法，就要勇于改变。如果你不能因时而变、从善如流，那么你就可能屡屡犯错。变则通，在剧变的世界，唯有善于改变，才能成功。

戴尔（Dell）电脑的创始人戴尔（Michael Dell）也非常强调倾听的重要性。他曾经说，你想要拥有一对巨大的耳朵，可以倾听、可以学习，而且要永远充满好奇心，用开放的心态去拥抱模糊。戴尔提醒企业家，千万不要成为屋里（团队里）最聪明的那个人，周围一定要有人能够挑战你，能够给出建议，能够给予你激励，而且能够推动你成为更强者。反过来说，那些身边只有阿谀奉承和应声虫的领导者，很难走得长远、成就伟大。

反过来看，这也是在提醒管理者不要成为团队智慧的瓶颈，要学会倾听和讨论。

倾听源于一个重要的假设，即"三个臭皮匠，抵得上一个诸葛亮"。他人可能知道一些你不知道的东西。我们需要从他人身上汲取养分，而这种获取的方式是对话，尤其是学会倾听。而且，对话的过程也是一个厘清我们自己的思路，同时汲取别人的优秀观点、听取别人的反馈修正自己想法的机会。换句话说，对话是思考的一部分。

具体而言，对话需要做到以下几点。

学会对话，首先还是需要学会倾听，这样才能走出鸡同鸭讲或者谈罢却成耳边风的局面。其次要避免吵架或者盲目的纷争，如果两个人的想法针锋相对，要想理性对话，可以确立这样一条规则：每个人在表达自己的观点之前，需要先概括别人的想法和观点，而这种概括需要经对方认可。

强迫自己去理解别人的想法，其实是一种训练倾听和换位思考的办法。概括的过程，是去粗取精、筛选的过程，是对别人的思路梳理的过程。这样可以更好地区别别人论点中你所认同和所不认同的观点，提升自己的思辨力。

此外，概括也是一个释放负面情绪的过程，避免自己陷入偏激、矮化对方观点的谬误。如果你能准确概括对方的观点，你就能看到其中的价值，从中学到东西；如果你仍然反对它的话，也能更好地表达你反对的理由，强化未来争辩的逻辑。

其次，在一场好的对话中，要能做到在自己的头脑里"双手互搏"。有效的思考是在自己的大脑中展开不同想法的交锋，需要自己能够同时是敏锐的讲者和用心的听者，有点像"双手互搏"。在这一过程中，人逐渐能够学会忍受冲突，因为冲突无处不在，而应对冲突就需要协商和妥协。好的领导者可以在心目中把相互矛盾的观点一一权衡利弊，从而得到更成熟的想法，即第六章中我们会详细分析的"反向思考"。

有了倾听的基础和"双手互搏"的能力，对话就会高效得多。从自己内心的交锋到与另一个人交谈，是向外跨了一步。听者既是你的合作者也是你的对手。他是合作者，因为他的反馈有助于你更好地评价自己的想法。他是对手，因为他的反驳或批评会激发你进一步阐释想法的潜能。

这也是为什么在团队讨论的时候，用心的管理者会安排"魔鬼代言人"的角色，也就是专门跟主流想法唱对台戏、挑刺的人。这样做是希望在对抗中激发出新动能，同时检查己方思维的盲点。

学会倾听，训练对谈，对培养领导力而言，有一系列的好处。

首先，这样能让你真正理解别人的想法。一个优秀的管理者，需要能够博采众长，如果身边都是不同领域的牛人，要想善用他们专业的思考，能够跨界碰撞出新的火花，你就得能够理解别人的想法、换位思考，进入他人的思想世界中。

其次，对谈是训练组织思考力的重要方式。西谚有云：需要一个村子来组织思想。意思是一个人的成长需要有一个村落的环境，需要与众人的沟通。他者的反馈是让我们拥有健康心智的前提，比如父母有责任让孩子通过健康的反馈融入社会，能够从别人的反馈中成长。

对于领导者而言，身边有一个平等对话的对象，能够确保自己心智健康，也能够及时对决策失误纠偏。这是领导者需要有自己的"防滑趾"，也是卢英德感谢自己的母亲、丘吉尔感激自己的太太、默克尔依赖自己的丈夫、李世民器重魏徵的原因。

最后，跨界的对话有助于更好地去剖析问题，而解决一个问题的前提是提出好问题，找到解决问题的抓手。与不同领域的人对话，很多时候能够帮助领导者跳出问题本身看问题，外部视角常常会带来启发。

BOX
给老板的4点建议

一、不要做最后一个知道的人。知识经济时代，老板更需要掌握信息。人越往高处走，信息可能就变得越闭塞。这时候更需要努力去掌握信息，学会发现问题，尤其是企业组织中存在的问题。

二、老板要谨言慎行。俗话说得好，"老板一句话，属下忙断腿"。开会的时候，老板不要第一个发表意见，要多听少说，才能搜集到足够的信息。

三、所谓"低垂的果实"（比喻容易的事）不是那么好摘的。很多人"新官上任三把火"，专拣软柿子捏。但有些人或事看上去是"软柿子"，之所以之前没有被收拾，是因为背后也许有深层的原因。不了解来龙去脉而盲动，反而会失败。

四、人才不是抢来的，是培养出来的。南橘北枳，好的人才是在特定环境中有所建树、成长出来的人才。"合适"比"看上去光鲜"要有用得多，没有哪个能人空降到一个新环境中就能马上上手。

5.3 勇气

美国前总统林肯曾经说，有时候做正确的事所需要的勇气比担心做错事所需要的更多。做正确的事情，在很多人看来是太正常不过了。但如果处在领导者的角色，就会发现，很多时候，做事，尤其是正确的事可能要犯众怒，可能要侵害很多人的利益。这时，依然坚持自己的判断，需要勇气。

所以，拥有勇气的第一点是求真，坚持为真付出。讲出"困难的真相"（Difficult Truth）需要巨大的勇气。想象一下，宣布艰难的决定，比如说裁员；传递苦难的信息，比如说向牺牲的士兵家属告知士兵阵亡的消息。这些都不是易事。很多时候，说出真相可能面临外部的反弹、羞辱甚至身体的伤害，还有可能被放逐（就像苏格拉底的遭遇），你能否坚持？该站出来的时候，你能否站出来？

拥有勇气的第二点就是能够做出艰难的决定。站直了别趴下，只有在关键时刻敢于站出来，才可能成长。在危难时刻挺身而出能够锻炼自己的勇气（危难时刻，有时候也是企业和组织面对困难的时刻）。勇气不是无惧。每个人都有恐惧，勇气是克服恐惧而做出正确事情的能力。

拥有勇气的第三点是决断力。领导者不可能随时都精神满满、充满干劲。好的领导者知道什么时候该站出来，知道该在什么时候以文字或者演讲的方式站出来鼓舞人心。这就是有决断力的表现。

拥有勇气的第四点是敢于拥抱风险、承认失败。承认自己的判断失误，这也是在飞速变化的时代领导者需要的品格。飞速变化的时代需要以变应变，如果领导者不敢拥抱风险——做出有为的决策就是拥抱风险——那么一定会被滚动的历史车轮碾轧。

所以任正非说：“我要的是成功，面子是虚的，不能当饭吃，面子是不值钱的。不要脸的人，才能进步！”

勇气并不是匹夫之勇，而是敢于否定自己。拥有固定型思维的人害怕犯错误，甚至逃避或掩盖错误，他们好面子，但俗话说"死要面子活受罪"。拥抱成长型思维的人，相信自己可以通过学习和实践来改正错误。有学习热情的人，会把错误或挑战看成个人学习和提升的机会，他们的特点恰恰是"不要脸"。

斯坦福大学前任校长汉尼斯一直计划推动斯坦福大学在美国东部开辟校区，因为他清楚，如果斯坦福大学能够在东西海岸都有校址，能极大增强它的影响力。但在推动修建斯坦福纽约校区这件事上，他逐渐意识到斯坦福大学的利益与纽约市政府的想法之间的矛盾，比他想象的要大得多。他并没有像很多领导者那样，"不撞南墙心不死"，或者因为是自己的决策，"死要面子活受罪"。意识到双方的分歧无法弥合后，汉尼斯选择承认错误并且及时止损，而不是为了维护自己的面子而死撑。

这种决断力，恰恰是勇气的体现。戴尔也说，领导者需要客观并谦逊，如果事实和数据都证明你需要改变观点，再固执也得转过弯。

求索思维

海上漂流七十几天，只有一艘小橡皮救生艇，距离最近的加勒比海岛 2500 千米，该怎么做才能撑下来获救？

一般的成功学鼓励人们保持乐观的心态，找到激励自己的要素，甚至欺骗自己也可以。但在这个海上求生的案例中，死亡的恐惧挥之不去，大自然的恶劣——海上漂流、缺乏食物、淡水稀缺、鲨鱼环伺——仅仅依靠"精神胜利法"是无法保证生存的。这个时候就需要纪律性，就需要抛弃幻想，把每一件可以做好的事情做好：收集雨水、储存淡水，每天只喝半杯水或者每 6 个小时喝一口水；自己捕鱼；尽量在半夜不睡觉，这样可以发现更多的船只……

死亡的危险挥之不去，这位"现代鲁滨孙"应对的方式是写作，把自己的亲身经历和经验记录下来，哪怕最终没有成功，也希望自己的日记可以成为未来可能陷入同样困境的人的脱困指南。

这位"现代鲁滨孙"体现的恰恰是一种兼顾现实和理想的"求索思维"。一方面永不放弃，另一方面却并不做鸵鸟，不躲避现实。在求生存的同时，也不忘记要留下供后人参考的东西。

当然，在实验中，"求索思维"不断强调学会否定自己的重要性，要么是对未来判断做小步高频的修正，要么把每一次新证据的出现都作为一次学习的机会。充满好奇心也非常重要，恰如科幻小说家阿西莫夫（Isaac Asimov）所说：改变未来的时刻，绝不是什么顿悟，而是看到了现实中的不同，然后感叹"这挺有趣的嘛"！不是漠视现实中的差异，试图"削足适履"来修正自己心目中的理论，而是把任何新证据的涌现视为挑战自己想法的机会。

"求索思维"本质上也是勇气的体现！很多时候，战胜执念、学会放弃，才会拥有更多。

5.4　格局和方向感

美国历史上，卖冰一直是一项赚大钱的业务。19世纪中叶，有人冬天从五大湖区冰冻的湖面上凿出冰来，用船运到南方的佛罗里达去卖。如果凿出的冰可以储存更久的话，到了夏天，冰的销量会更好。卖冰业务火爆了快半个世纪，到1900年的时候，一下子萧条了。南方不再需要大老远从五大湖运来的冰，制冰机器很好用，无论是夏天家里解暑，还是冰镇啤酒，或者制作冰棍儿，既方便又便宜。制冰机器火了50年，到了20世纪50年代，冰箱逐渐进入千家万户，冰箱可比制冰机器方便多了，每个人在家里就能制冰、冷藏食物。

在谈领导者格局的时候，为什么岔到制冰的历史上去了？因为无论是简单还是复杂的商业模式，都可能会出现赛道转换的大转型期。凿冰50年的老冰户，没有一个人投资机器制冰行业；火了50年的制冰机器公司，也没有一家在冰箱的研发上有投入。换句话说，对冷藏和冰冻的需求市场一直火爆,但提供服务的人却屡经迭代,没有一家能够跨越不同的技术周期。

缺的就是领导者的格局和方向感。

什么是领导者的智慧?就是清楚地知道自己行为的长期后果。格局是指大局观,知道未来可能发生什么样的变化,能敏锐地察觉到行业内部潜藏的新技术和变革,并且因势利导。方向感则是指能对未来的发展做出预判,提前布局。

好的领导者需要识人、识局、有韧性、能跨界。识人和韧性我们在之前的章节已经深入讨论。识局则需要大局观和方向感,不然即使简单如满足普通老百姓冷藏与冰镇需求这样一件容易的事情,也可能被后人颠覆。同样,在大转型的时代,如果仍然只是聚焦在自己熟悉的一亩三分地,哪怕做到行业第一,也无法改变最终被取代的命运。凿冰凿得再好,也抵抗不了机器制冰。效率再高,也抵御不了赛道外"野蛮人"携带新技术而来的降维打击。

诺基亚从全球手机霸主地位上跌落的主要原因就是领导者的格局和方向感出了问题,缺乏大局观,对未知的事物、新技术和行业的新发展缺乏洞察。

诺基亚面临的问题是成功者的骄傲和自满。"船大难掉头",面临外部大环境的冲击,包括 2008 年国际金融危机和苹果的崛起,一直没有走出"头痛医头,脚痛医脚"的短期应对的怪圈。

成功的文化让每个人都变得自满。2008 年诺基亚在北京召开全球董事会,仍然是全球老大的派头,每一位董事都是私人飞机接送,会程的一半时间用来参观和饮宴,完全是一副王者派头,全然没有一种手机行业正在发生板块碰撞的危机感。

长期的成功让基层的信息,尤其是坏消息,无法上达。基层员工看到了不少问题,但因为诺基亚当时已经形成了"报喜不报忧"的文化,管理层没有谁有能力将各个部门、各个市场发生的问题串联起来,更没法意识到局面的严重性。

长期的成功让管理层失去了方向感和斗志,出现问题也不去主动刨根问底、挖掘信息、主动了解可能存在的问题,反而仍然沉浸在全球市场第一的美梦中,属下说什么就是什么。

当市场已经发生巨大变化,不仅苹果的智能手机销量迅猛增长,三星和 HTC 的安卓手机也开始参与了市场的瓜分,诺基亚的管理层又进入抓狂的状态,不断应变,疲

◎ 案例七

宜家效应

通用磨坊（General Mills）推出过一款非常方便的面包粉，家庭主妇只需要加上水搅匀了之后，放进烤箱就能烤出香甜的糕饼，但面包粉销量却不尽如人意。调查一番才发现，原因竟然是操作太"傻瓜"了，导致主妇们没有成就感。别人如果称赞她们做的糕点好吃，她们甚至会觉得与自己的努力不对称。

做了一番调查之后，通用磨坊决定做一些小改变，让烤面包这件事变得更难些，要求主妇至少加一个鸡蛋再搅拌均匀，结果销量一下子提升了不少。这款面包粉被称为"Just Add an Egg"（只要加个蛋）。

这一效应，后来被称为"宜家效应"——宜家的家具都需要客户或多或少参与拼搭。恰恰因为客户自己动手、有参与感，反而会觉得产品的价值更高。

"宜家效应"告诉我们，如果不了解消费者的心理，只是理性做决策，也可能出问题。设计思维无处不在。

于奔命，缺乏规划性和方向感。这一局面被一位局外人称为"追逐天际线"，但天际线是永远追不到的。当市场发生剧变的时候，只是应变，没有主动出击，只可能每况愈下。

前面的案例中讲述了诺基亚转型的故事，推动转型的李思拓就是局外人。他没有诺基亚管理层的自满与疲于应对，他很清楚，在大变局中，必须有长期视角，找到根本的问题所在。

李思拓喜欢举困在龙卷风里的例子来强调格局的重要性："如果你困在龙卷风里，最差的事情是想着正在面临的危机。"

这句话有三层意思，第一层是单枪匹马直面龙卷风，几乎不可能；第二层是如果只想着怎么应对龙卷风，会陷入严重的"当局者迷"，因为越想越怕，越找不到解决方案越惊恐，非但不可能沉着冷静，反而会阵脚大乱；第三层更重要，那就是为什么在紧急关头，无论多困难都得超越当下的危机去思考更广阔或者更深远的问题。想要应对飓风，唯一的方式是找到飓风发生的根源。同样的道理，想要应对大转型的危机，唯一的办法是找到转型背后的推手。

判断力

要想具备格局和方向感,首先得培养判断力。

什么是判断力?

判断力是将个人特质与相关知识和经验相结合,进而形成看法并做出决策的能力。有判断力的人知道,当自己缺乏做出决定的能力时,通常会向有恰当背景和知识的人征求建议,这一点在本章"学会倾听和对话"一节中已经有很多案例。判断力,是在职场上进阶必备的能力,也是区分好的领导和差的领导的最基本的准绳。

如何培养判断力?

判断力比努力更重要,在形成判断力之前,首先要培养出一两项特殊的技能。

什么是特殊的技能?可以是销售能力,也可以是特别的才艺,最重要的定义是,特殊的技能无法教会,只能靠自己习得。无法教会,意味着这样的技能不是你能在普通的学校里会读书会考试就能获得的技能,不然不仅其他人会成为竞争者,机器也可能取而代之。

怎么培养特殊的技能?要贯彻 1% 原则。

99% 的学习可能都收获甚微,但一个人必须付出才能真正意识到那 1% 是自己最想要的,也是最需要精通的领域。过程很重要，没有为学习而学习的过程，就很难知道自己到底想要什么。换句话说，成为有判断力的领导者没有捷径可走，需要努力学习，构建扎实的基础知识，这是培养未来认知的基础。但只会学习，不懂得自己想要什么，不去钻研，就很难培养出特殊的技能，更不用说锻炼出判断力了。此外，一旦清楚了这不是自己的兴趣所在之后，就千万不要浪费时间，要及时放弃和止损。

判断力也意味着，真正的成功者会把大把的时间用在对人生中最重要的决定的思考上。很多人会捡了芝麻丢了西瓜，把精力花在很多日常小事上，但面对人生大事却草率为之，缺乏的就是判断力。

人生重要的决策莫过于三件事：在哪里生活？和谁共度一生？选择什么专注发展的领域？在关键问题上如果无法决策，那就应该否决。这其实已经是形成判断力的第一步了。

最后，形成判断力还需要更广泛的知识背景，拥抱外部视角（我们会在下一章中详细阐述），这样才能"见树又见林"，不会陷入"当局者迷"。

领导者拥有大格局非常关键。当亚马逊意识到自己正在参加一个庞大的生产和消费网络时，它的规划就不会止步于电商网络,它在云计算上的提前布局就会比别人更早结下硕果。

考验一个领导者是否具备大格局和方向感,要看他是否能带领企业跨越转型的大周期。

◆ BOX
领导者应该聚焦还是放权?

领导者到底应该管得"精细"还是管得"粗放"、学会放权?霍尼韦尔前 CEO 高德威分享了三点思考。

首先,这要取决于你领导的人是谁。有的人需要经常聊,聊细节;有的人则基本上在建立互信之后,定期沟通就能把事情做完。

其次,这还取决于是"正常"做事情,还是"非常"做事情。当需要推进改革的时候,领导者需要下大功夫,关注细节,也需要能够利用官僚体制,也就是权威的优势,来关注重要的细节。

比如一个下属想要增加一个项目,决定增加研发的人手,你问他加了多少人,对方的反馈是人数翻了一倍。"总共有多少人呢?""四个人。""哦,我觉得应该至少要二三十个人才行,为什么这么少?""因为公司对研发项目有编制的限制。""那么研发部门目前编制多少人呢?""几千人。"

在这番对话中,下属显然被一系列特定的规则所约束,无法真正对需要的创新项目提供人员支持。领导者只有了解了细节,才知道是不是该去干预、去改变规则。

最后,领导者需要掌握第一手信息。获取准确的信息,鼓励信息在机构内快速地流动,是所有官僚机构都需要应对的难题,高德威也很清楚,自己的一些做法,下属也会"上有政策,下有对策",这个时候就特别需要领导者花时间走基层,了解一线的情况,跟经销商、客户一起沟通,这样才能获得第一手信息。

很多下属不愿意领导老是过来视察。的确,接待领导,谁心里都比较忐忑。但是有一个比较得力的下属对高德威的造访就很坦然:多一双审视业务的眼睛,多一些外部视角,领导来是为了帮助我们把工作做得更好,而且轻车简从——带两三个下属就来了——没什么好怕的。当然,高德威也经常强调,自己下基层不是去视察,而是去了解情况,开会的时候会花心思拉近与下属的距离,大家放开了之后,信息流动也就流畅得多了。

5.5 终身学习与独立思考

学习力是推动企业不断前行最重要的动力。终身学习和独立思考是领导者获得长期成功必备的能力。在剧变时代，领导者需要不断学习新知，更重要的是要学会忘记过去的经验，加速过去经验的折旧。过去的成功印记，过去的经验所得，给成功者印象深刻。但剧变时代给成功者带来的最大挑战恰在于此。

谷歌前 CEO 施密特认为，领导者学习力最好的配方是保持好奇心。微软的创始人盖茨则特别重视"深度知识"，尤其是那些新兴的自己不了解的领域，因为要想推动企业的成长，领导者必须知道自己的知识储备中有哪些缺漏。

华为创始人任正非强调，"一杯咖啡吸收宇宙能量"，鼓励领导者每年至少要花上 1/3 的时间与全球各个领域的专家"喝咖啡"、交流想法，因为在思想的市场上仍然有太多套利的空间。

例如，当领导者面临全新领域内的不确定性时，可以向一位经常做出此类决定的领域内的人咨询；企业进入扩张期，需要大规模人员招聘，可以向麦当劳和亚马逊的招聘经理请教流程，这两家企业每天都招人，一定有应对大规模招人的方法。

成为知识富翁

知识经济的发展让知识工作者变成更为重要的资产。一方面，在知识经济中，每个人都可以也需要成为"知识富翁"（Knowledge Billionaire）；另一方面，技术转型加速，经济变化加剧，也加快了经验折旧，遗忘不再适用的经验反而会变成稀缺的能力。

什么是知识富翁呢？知识富翁并不以信息占有的多寡来区分，而是有点类似"学贯中西"，以知识的广度来区分。在全球化的世界中，如果无法进行跨文化交流，无法兼收并蓄中西文化之长，很难列入全球精英的行列。知识富翁最重要的特征是"超级斜杠青年"，不只是局限于某一方面的专家，不只是拥有解决某一特定问题的技能。他们不是照抄答案的好学生，而是解决未来复杂未知问题的能手。

从数据到信息再到知识,是一个清理、整合再连接成为体系和知识网络的过程。在从有形经济向无形经济的大转型中,知识工作者将成为最重要的财富。未来"人与机器"的协作中,人的优势恰恰在于人群之间知识的共享、交流、碰撞,跨界思考,做到触类旁通。

无论是新冠肺炎疫情过后即将到来的大转型,还是科技快速迭代带来的大转变,抑或是贫富差距不断拉大所带来的各种社会议题,当然还有各种复杂难题,如老龄化、少子化、科研创新不足等,这些都是每个人将面临的复杂问题,应对起来都需要完备的知识储备、不断更新的知识体系、广博多元的视野,以及基于不断思想碰撞的大胆实验。

要成为知识富翁,需要有4个方面的储备:拥有全球视野、善于跨界思考、拥抱长期主义和多元视角、保持好奇心。

好奇心是知识富翁最重要的标签。在剧变的时代,好奇心是唯一让知识富翁不落伍的原因。因为对新知好奇,因为对改变有兴趣,才能推动自己不断接触新理念,与时俱进,同时也能不断审视自己,做到反思。

"别自以为全知全能,要在各个领域内学习"(Be a

learn-it-all, not a know-it-all），领英创始人、硅谷创业家霍夫曼（Reid Hoffman）特别提醒领导者。早期的成功很容易让领导者自以为是、自大自满，以为在新领域内可以简单复制自己此前的成功，或者过去的创业经验让推动新发展变得很容易。如果没有终身学习的能力，这种自满和自大只会让自负的领导者栽跟头。

霍夫曼强调即时学习，也就是快速将自己的想法在实践中检验，根据检验的结果不断迭代。他警告不注重学习的领导者："你可以停滞不前，依赖过去的成功经验因循往复，但世界会把你抛下。"

大转型时代，要成为知识经济的弄潮儿，拥抱终身学习，还要学会遗忘。

打开与清空

学会遗忘，是领导者拥抱终身学习的一项修炼。什么是遗忘？就是尽快忘记那些已经被证明不适用的经验和观念，这样才有助于加速思想的新陈代谢。打开和清空是学会遗忘的姿势。打开意味着对新鲜事物、对挑战经验和既有认知的新想法不排斥、有好奇心；清空则是避免出现"敝帚自珍"的心态，放下"我吃过的盐比你吃过的米还多"那种经验主义，虚心学习新东西的前提也是要抛弃任何可能阻碍发展的成见和过时的执念。

技术和商业模式的迭代特别快，观念的迭代却很慢。不少人会沉迷于自己固有的认知当中，很可能跟不上时代的变化，有可能被自己之前的成功所拖累。我们必须知道，在变局面前，经验可能不再是资产，甚至可能是负债。在新技术呈指数级发展的时代，传统技能的根基正在被动摇，每个人的技能折旧也在加速。这时，学会遗忘就变得至关重要。

成功未必是好老师，挫折和失败会让你更强悍，当然你首先得能够吸取教训。

学会遗忘是终身学习的必修课。在终身学习的第一个层次，需要不断学习新东西，跟上技术的变化，不被时代所淘汰；终身学习的第二个层次则是能不断挑战自己的认知，放下执念，用科学方法来理解新事物和新观念，不断更新自己的认知。在外部环境发生剧烈变化、新知层出不穷的当下，理解终身学习的第一个层次——求新——不难，难在抛弃旧知识和旧观念。只有敢于去旧，才能更好地求新。

学会遗忘，需要保持质疑的精神，不循规蹈矩，多问"如果……为何不……"敢于否定自己，否定过去的经验，是勇于创新的基础。

学会遗忘是不断试错的结果。为了达到长远的目标,短期必须不断去尝试、试错,否定错误的假设,拥抱全新的方式。经济学家卡尼曼有句名言:"犯错是唯一我确定自己学到新东西的方式。"这句话点出了从错误中成长的要义。

"你要么改变,要么死亡。企业家只有两个选项,快或者死。"戴尔的这句话很好地诠释了改变的重要性。只有学会遗忘才能更好地拥抱改变。

独立思考

林肯很多时候不愿意住在白宫里,他更愿意骑马半天到华盛顿近郊的别墅——由七八幢小木屋组成的院落。那里原先是一片兵营,林肯发现之后被辟为别墅。白宫里熙熙攘攘,总是挤满了前来找工作或者做说客的人。到了近郊的小木屋,林肯会有更多独处的空间,一个人思考复杂却重要的问题。

其实,学会独处至少有三个好处。首先,它能给你带来新鲜的想法,尤其是一个人在别墅里散步的时候;其次,它也能提供一个空间去更好地认识自己、反省自己;最后,跟距离产生美的原理一样,独处一段时间,你反而会更珍惜人与人之间的情感纽带。

独立思考的能力为什么那么重要？如何把两个看似矛盾其实统一的问题放在脑海里，同时还能够很好地推进？

独立思考的能力首先是不从众；其次是在看到同样的信息，能给出不同的想法，面对同样的问题，能给出不同的对策；最后，在面对困境、灾难、危险的时候，不再惧怕，不会慌张，相反能够从容应对，懂得思考，懂得一步一步化解难题。

有独立思考的能力，就能够把对立的问题更好地统一起来：通胀来袭，到底应该是涨价来确保利润率——但可能导致大量的客户流失，还是保持价格保有客户？一个岗位出缺，到底是迅速补上，还是花时间去找比较合适的人？短期和长期的问题、矛盾的问题，都需要领导者通过独立思考去解决。

◆ BOX
高德威的 3 条转型管理的心法

霍尼韦尔的前 CEO 高德威基于自身管理经验，总结了 3 条转型管理的心法。

首先，领导者要勤于思考，而且需要激励团队去深入思考问题。高德威每年会准备一个蓝色笔记本，作为自己所思所想的记录，绝不偷懒。每年年初，他还会在日历本上划出几个日子，不安排任何会议，供自己思考，并对之前的思考进行反思。同时，他特别强调领导者要学会开会，提醒领导者千万不要成为开会时最聪明的人、用开会来证明自己的睿智，而是要努力提升开会中思考和讨论的质量，把会议变成富有启发性的辩论，让每个人都有发言的机会，不要让科层的权威限制了人的分享。

其次，领导者要会激励、把握方向、勇于执行，确保三者并举。高德威提醒领导者，找到好的决策，以及能否有效执行，至关重要。至于是谁想出的好点子却没有那么重要。决策质量最重要，如果结果不好，花再大力气也是徒劳。

最后，领导者的职责所在，需要有反思、有回顾、有监督。化繁为简，用平常人能听懂的话把战略和决策讲清楚，本身也是领导者判断决策、推动执行、衡量结果的能力的体现。

5.6　学会讲故事

教练在一场重要的比赛前决定不让一名球员上场,可是怎么表达会更稳妥、又不伤球员的自尊心呢?

教练把球员叫到一边,说:"我们不知道没有你我们该怎么办。"这可是一句恭维话。接着教练再说,"不过今天,我们想尝试着找到答案。"如此"婉转"地表达,球员还会有何异议吗?

如何讲出坏消息,其实也是领导者的一种修炼。整体而言,领导者要学会讲故事,背后有三个原因。

首先,团队管理、人的管理是领导者最吃重的一点。恰如开头那个如何讲出坏消息的场景,这时候需要懂得沟通的艺术应对棘手的问题,抚平人的情绪。人是情感动物,而信任和情感是紧密相连的,无法与团队产生情感连接的人,很难成为成功的领导者。

其次,讲好故事是增加领导者影响力、激励员工、塑造企业文化、推动企业前行的动力。领导者必须能抓住员工和团队的注意力,这就需要他会讲故事,能打动人,能够用具体的事例影响人、激励人。

最后，领导者对外沟通的时候也需要讲好故事。创业者学习的第一课，就是如何讲好故事，吸引到投资人的注意力。利用OPM（Other People's Money，意为别人的钱），加杠杆推动企业的发展，非常重要。不会讲故事一事无成。此外，推动产业的发展，全球化进入全新的市场，与监管机构沟通，对媒体吹风，都是讲故事的应用场景。

当然，讲故事并不是去虚构事实，更不是美化谎言。恰恰相反，讲故事的能力与学会倾听是一体两面相辅相成的能力，也是关于如何去粗取精、如何突出重点、如何用普通人听得懂的话讲清楚复杂的问题、如何与听众产生共鸣乃至共情的能力。

汉尼斯就很看重感染力。作为著名大学的校长（或者大企业的CEO），工作中很重要的部分就是各种场合的演讲和与不同人的沟通。在这种沟通中，列举事实和数字必不可少，但更重要的是感染力，能够讲述合适的、引人入胜的、激励人心的故事。

作为"演而优则仕"的总统，里根就是一个讲故事的能手。

1986年，里根将"大政府"的很多做法总结成了三句简短的话：If it moves, tax it. If it keeps moving, regulate it. And if it stops moving, subsidize it.（活了，就加税；火了，就监管；死了，就补贴。）简洁明快又生动形象地回应了里根经济学的对立面。在他眼里，"大政府"对企业不友好，税收和监管过重，又做了太多干预市场的工作，无助于市场的竞争。而他的里根经济学，强调的就是"小政府"、减税、去监管、减少补贴。

比较一下，罗列政纲与里根简短的三句话相比，三句话的杀伤力和影响力都要大得多。这是会讲故事的一个技巧：用简单明快的金句让大多数老百姓能听懂。

为什么讲故事和听故事对人类思考方式而言如此重要？因为大多数人都不是专心的读者，但喜欢听故事。这是几万年人类进化的结果，具体的故事比抽象的概念更能引起普通人的注意力。讲故事是人类进化过程中汲取重要信息、快速形成判断的捷径，当然也是交流情感、增加互信的手段，而讲故事的技巧其实是帮助读者塑造一个他们能记住，同时也能让他们印象深刻的东西，让读者迅速找到关联性。

会讲故事，也有助于推动产业的发展。

举一个例子。为了推动房地产的发展，政府和商人共谋推出"居者有其屋"的叙事，一方面把房屋自购率作为经济发展的指标，另一方面也把购房作为对社区做贡献的一种表现（在美国尤其如此，因为房地产税直接供给了社区的学校）。在这一叙事之下又派生了许多相关联却不一定一致的子叙事，比如"买房子是一种对未来负责任的表现，因为它是很多人人生中最重要的金融决策"的所有者叙事；"房地产的增值带来的财富效应"则是不断被提起的经济叙事；"买房养老"是另一种叙事，强调房地产的储值功能；"推动房地产的发展则需要改变人的金融思维，尤其是改变人的储蓄习惯"，这又是房地产商与银行的共谋。早期借钱消费被很多人认为是不妥当的，甚至是危险的，但是房地产的发展就需要改变大众对按揭的"偏见"，强调杠杆是所有人能够"努力"买房并增加个人财富的一种工具。

创新和创业也是一种有影响力的叙事。这一叙事的主线，在过去10年一直以人工智能和大数据推动加速变革的叙事为代表，其中交织着工作被新技术所取代的担忧。

新冠肺炎疫情给了采用个人定位信息、手机信息及大数据分析来监督社交距离、筛查潜在疑似人群的技术以重大的用武之地。在关于隐私与效率的辩论之外，高科技可以更好地解决棘手的抗疫问题的叙事，已经深入人心。新冠肺炎疫情也同时加速了远程办公的应用，Zoom这样的视频会议工具的使用量呈几何级上升，强化了高科技改变未来工作的叙事，更催生了企业组织的未来会发生巨大变化的全新叙事。哪些新工作和新协作方式在疫情结束之后还会保留下来？对这一问题的讨论本身就可能影响结果，因为叙事如果一旦流行，可以加速流行的工作方式的普及。

5.7 "指导，不指挥"

在充满不确定性的商场，高效的执行力已经不足以确保成功，领导者要避免成为团队智慧的瓶颈，应放手让团队去尝试，充分发挥组织的能动性。这就需要领导者转型成为教练，拥抱"指导，不指挥"的原则。

之所以需要贯彻"指导，不指挥"的原则，是因为在乌卡时代，领导者与团队和员工之间的关系发生了变化。

在强调执行力的时代，领导者指挥，团队和员工执行，强调效率。在快速变化的时代，领导者的价值体现在另外两方面。

一方面，是灵活应用自己在长期实践中积累的经验，在组织充分共享信息的情况下，分享自己的思路。这时，分享的是思考方式，而不是思考的结果，这也是指导和指挥最大的区别。换句话说，领导者不需要过度管理，反而应该放手让更多团队成员去决策，而自己则需要对他们如何决策施加影响力。领导者要能够讲清楚目标背后的原因、思考的方式、判断的逻辑，还要提供机会让下属和团队去做。剧变时代，决策者必须是最接近问题、有权处理信息和执行行动，同时对结果负责的人。

另一方面，领导者需要转型成为服务型领导。领导者的赋能具体体现在推动跨部门平行的信息互通和协作、解决资源瓶颈、创造实战机会推动员工成长等几个方面。当然，贯彻"指导，不指挥"的原则，也是因为"授人以鱼，不如授人以渔"，领导者不能成为重要的信息节点，甚至成为信息的瓶颈。领导者需要让团队学会管理彼此之间的日常协调，而不是通过领导者这个中间人才能达成协调。

要成为服务型领导，需要界定清楚什么是企业的发展目标，也需要不断审视团队面临的各种限制，帮助团队扫清路障，然后让团队自己来创造性解决问题。恰如在"格局和方向感"一节强调的，领导者需要有格局和方向感，提供了发展方向，解决好后勤保障之后，需要赋能一线员工去打拼。这时候，领导者应该退场。

服务型领导还意味着领导者需要肩负起后卫和清道夫的角色，做好基础工作，了解员工面临的问题和挑战，帮助员工成功。这才是真正的成就他人从而成就自己。

"指导，不指挥"也需要改变激励的机制。激励组织和团队在提高学习速度和理解领导者意图等方面的集体表现，而不是在执行指令上的个人表现。联邦快递创始人史密斯（Fred Smith）提出，衡量激励是否有效，需要看是否能真正推动员工用自己的方式围绕着组织的目标努力前行。

网络组织管理者的领导力法则

领导者应该像指挥乐队一样指挥一个网络组织。卢英德提出的多元领导力的 5C 原则，很值得面向未来的领导者仔细思考。5C 分别是明确（Clarification）、策划（Curation）、连接（Connection）、培育（Cultivation）和催化

（Catalysis）。其中尤其以策划、连接和培育特别重要，涵盖面也从网络组织内部的领导力拓展到了跨网络的领导力，契合知识经济打破边界的深层逻辑。

乐队的指挥是很好的比喻。不少人把网络组织比喻成爵士乐队，整个团队有一个基本的基调，但每一个参与者都可以且需要即兴发挥，因为相互之间的熟悉和信任，总是能够做到步调一致、相互配合。

其实爵士乐的比喻突出了网络组织的一个特点：如果能够建立深度联系（就好像乐队成员之间的强关联），就可以创造信任又灵活的合作环境。

但一个网络组织还需要建立更广的联系（弱关联），需要领导者撒下一张捕捉新事物的大网，把新的想法和信息流带入创新过程中。资源集中和大规模分布的结合是网络力量的本质，也是伟大创新的秘密。

连接更是网络组织的本质。网络组织的领导者得是一名好的连接者，他需要能够发掘协作的机会，鼓励内部知识的分享和信息的碰撞。连接者如果能够看到企业内部网络的脱节点，并且能够将其填补，就会带来巨大价值。

更重要的是，因为网络组织的边界变得更加模糊，创新往往来自自有网络之外。两个没有太多连接的网络之间交叉之后产生的张力,恰恰是创新和创造的源泉。推动创新的领导者应该能跨界挖掘不同网络之间的连接机会。

黑石集团的老板苏世民在大学毕业时就立志要成为"电话交换机",无师自通地领悟到了网络组织领导者所必备的能力——在不同网络中经营连接。苏世民很清楚,商业中最重要的资产就是信息,连接的人越多,掌握的信息越多,拥有的视角也越广泛。因为连接而交换建立起的信息优势,一般人很难比拟。

培育则强调网络组织的领导者需要像园丁一样,"不指挥"却能创造好的环境。与园丁对应的是工程师。工程师强调计划、有蓝图,园丁则完全不同,他遵循自然进化的规律,强调试点、试错、筛选、推广。园丁很清楚地意识到在多变的环境中预测的难度,与其制定严密的规划,不如学会因势利导,学会助推。

网络组织是应对加速的数字化转型和快速变化的世界的组织。数字化转型给出了更多、更新奇的连接工具,快速变化的世界更需要团队合作发挥多样性思考和群体智慧。网络组织也需要不断进化,从合作网络到协作网络,再上升到创新网络。

在合作网络中,每个人按规定方式共同完成规定任务,有共识、有规则、有明确目标，且目标不会轻易改变；在协作网络中，大家共同找到最佳方案去完成预先设定的任务，且任务也会随环境变化而演变，在合作的基础上有了探索最佳方案的努力，增加了团队内部的互动，而目标的演变也更适应复杂多变系统的要求；在创新网络中，每个人都为设定好的总体目标服务，提出新想法、新流程或者新产品，在协作的基础上增加了对每个人的赋能，决策权进一步下沉，也会涌现出更多的碰撞，从而绽放出创新机会。

> **BOX**
>
> **成为高管教练，及其 5 条管理心法**
>
> 未来的领导既是教练也是多面手。与上一代领导者相比，他们需要承担更多角色：栽培者、挑战者、加速者和实干家。
>
> 栽培者就是园丁的角色。在"人 + 机器"的时代，需要创造试错的安全空间，允许犯错，贯彻"测试学习"的原则。
>
> 挑战者能够统筹全局，关注细节，打破孤岛，实时评估。

加速者需要搭建体系，参与问题解决，数据支撑决策，推动改变，抵抗惰性，减少组织的惯性。

实干家则要确保局部与整体的融合，确保底层的创新与公司的愿景一致。

高管教练的5条心法：

一、开会的时候保持专注，不被任何东西打扰（邮件、手机），全身心投入，既是对他人的尊重，也是珍惜时间的表现。

二、了解人和打造团队比解决问题更重要。尤其是高管，职位越高，识人用人的本领就越重要。

三、给人以鼓励，但是绝不绕弯子；批评会直截了当，但是尽量在私下给予批评。

四、团队利益更重要，和团队相比，任何个人，哪怕是举足轻重的人，也可以放弃。

五、开会有技巧。开会时可以从拉家常开始，比如分享一下周末都干了些什么，或者从身边的人和事开始，拉近人与人之间的距离。

5.8 培养和选好接班人

在快速变化的时代,每个人都需要不断去迭代。即使每年变化只有 5%,10 年下来也会累积超过 60% 的变化。如果一个人 10 年不变,他面对的将会是革命般的浪潮。高德威特别认同迭代的想法,应对未来的变化,需要每个人不断进化,他把这一思路贯彻到对接班人的培养和选择上。

很多企业在筛选接班人时,希望找到适应未来挑战,最好是已经具备解决未来问题的能力的人。这其实是不切实际的想法。"授人以鱼,不如授人以渔",这句话对于培养后备干部而言至关重要。在剧变的时代,预测未来是一件非常难的事情,尤其是培养一个人的适应能力、应变能力、能够从各个方面搜取信息的能力,并据此做出决策,且高效地执行。

高德威是通用电气人才培养机制中培养出来的管理者,也一度入围前 CEO 韦尔奇接班人的梯队,但最后提前出局。事后,他认为出局并非坏事,因为这让他有机会在更宽广的世界中去尝试和探索。

韦尔奇创建的接班人赛马机制，的确筛选出了一批人才，不过那算是企业王朝政治时代的终章。如果以结果论，韦尔奇选定的接班人伊美尔特（Jeffrey R. Immelt）并不是最佳人选。

韦尔奇选择接班人有两方面的盲点：一方面是基于个人好恶。他最看中伊美尔特的特点是跟年少时的自己相似，用自己年轻时的模板来套用未来的接班人，显然没有为未来的变局做好充分考量，反而体现出一种对自己过去经验和经历的笃定；另一方面是韦尔奇的筛选机制只用单一的业绩 KPI 来考核，让潜在的接班人都为了创造纸面上的佳绩而努力，不惜借助会计造假的手段。一美遮百丑的衡量方式，可能会给未来种下苦果。

基于对剧变时代的思考及对未来人才的需求和 GE 培养接班人机制的反思，高德威很早就建立了潜在的接班人梯队，强调多维度对接班人进行考核。在对候选人考察时，他很喜欢在沟通中衡量一个人独立思考的能力。他最常问的问题是：有什么其他选项？他期待的候选人是具备外部视角的内部人。

克莱蒙梭（Georges Clemenceau）曾经说，战争太重要了，不能完全交给将军处置。高德威把这句话的理解运用在企业的人才管理之中，意在强调两方面：首先，每个人都不应该受制于自己的职位和角色，有为者很多时候需要超越自己角色的限制。其次，领导者需要平衡有效授权和关注细节。比如企业的人力资源和人才管理，就不能仅仅交给人事主管来做，重要人才的选拔、培养和考核，需要管理者的亲身参与。

高德威总结出具备 CEO 潜质者的 5 大特征。

第一，他对胜利拥有强烈渴望。这当然是决策者与参谋的最大区别。更重要的是，领导者绝不应该是一个善于为失败找借口的人，而是逆境中也能取胜的人。

第二，他认为领导者应该具备很高的智识水平，必须聪明好学、善于分析，具备逻辑思维能力；而且对复杂的环境有清醒的认知，能够避开麻烦。同样，他必须具备智识严谨度，具备独立思考的能力，不是随波逐流者，或者马屁精。

第三，他必须具备勇气，能够大胆做出决定，也敢于在事后检验自己的决策，做错了敢于承认错误。

第四，他必须具备好奇心。在剧变时代，好奇心是唯一让管理者不落伍的原因。因为对新知好奇，因为对改变有兴趣，才能推动自己不断接触新理念，与时俱进，同时也能不断审视自己，做到反思。

第五，他得有团队领导力，尤其是激励团队的能力和建立强大企业文化的能力。类似培养接班人的做法，注重基业长青的公司都有。比如老牌的投资基金红杉，已经成功传承了几代人，构建了自己的投资哲学，善于经营自己的人脉圈，领导团队强调有互补性，对年轻人也特别注重栽培，强调团队的力量。

对任何一位新合伙人，红杉的资深合伙人会让他跟着学习如何投资、如何参与创投企业的董事会等。投资了一个新的有潜力的公司，老合伙人会说："我先担任董事，你跟着学，如果公司发展得好，我把位子让给你，这样你会有更漂亮的履历，如果公司发展不好，我背黑锅。"这种"扶上马，送一程"的方式，很有特点，不仅锻炼年轻骨干的能力，也帮助他们形成自己的口碑。

讨论完传承，下一章我们将要讨论企业家最重要的修养——战略思维。

BOX

《基业长青》(Built to Last) 作者柯林斯分享的 5 条领导经验

1. 永远投资于人。人才培养和人才储备对企业而言至关重要。乐意与员工分享利润，让员工觉得自己是主人公。

2. 敢想，想象没有止境。柯林斯特别强调领导者需要确立远大的、冒险的、大胆的目标（Big Hairy Audacious Goals），目标有多远大，发展才可能有多迅猛。

3. 创建精英管理的企业文化和一致认同的激励机制。

4. 高度自律、冷静，而非追求速成，是跨越潜在危机并获得成功的不二法则。自律和冷静是需要培养的领导特质。

5. 一个强势、自律的董事会是公司强大的战略性资产。

第六章
战略——降维打击的实践场

▷ 引子：失败的戈恩

谁是电动汽车的先行者？大多数人会把这一桂冠授予特斯拉的创始人马斯克，其实雷诺和日产两大车企曾经的CEO法国人戈恩（Carlos Ghosn）比马斯克更值得被授予此桂冠。2009年，在戈恩主导下日产推出了电动车Leaf，当年被誉为"电动车的开拓者"，三年之后，特斯拉的Model S才面世。

可惜，雷诺和日产都像它们的前CEO戈恩那样，错失了在这个全新赛道起飞的机会。戈恩因推动雷诺、日产、三菱等车企的联盟，被日本汽车业视为"入侵者"。他在2018年底遭遇"宫廷政变"，在东京被捕，2019年底又以"胜利大逃亡"的方式在保释期间逃离日本回到黎巴嫩，距离他1999年临危受命接手几乎破产的日产并成功推动公司转型复苏，正好20年。从日本最负盛名的老外CEO到负罪潜逃的经济罪犯，戈恩个人职业生涯的陨落也凸显了领导者一旦深陷权力和金钱的诱惑、丧失领导力，其毁灭的不仅仅是自己的身后名，也是企业的发展战略。

2009年日产电动车Leaf下线时，戈恩曾夸下海口，到2017年下线150万台电动车。事实检验，8年之后，日产—雷诺联盟一共只生产了不到50万台电动车。

究其原因，日产与雷诺的合作并没有延伸到电动车领域。日产选择NEC合作制造电池，但雷诺不相信他们的技术；日产选择的电机是便宜的永磁电机，雷诺却偏好更贵的电机。电池和电机构成了电动车的两大部件，结果两家企业根本走不到一块儿去。

雷诺另起炉灶做自己的电动车，两方的工程师打官司到兼任两家公司CEO的戈恩那里，结果戈恩不置可否，让两家公司各自沿着自己的路线开发电动车，错失了先发优势，以及两家公司联合研发、技术共享和成本节约的合力。

2007年是戈恩管理生涯中的高光时刻。当时日产的股价达到顶峰，是雷诺1999年扮演白衣骑士将日产从破产边缘拯救过来时股价的近30倍，戈恩也因为带动日产的转型而获任雷诺的CEO，一个人同时担任两家世界500强企业的CEO，创下纪录。各方赞誉云集，戈恩一度成为全球商业舞台上炙手可热的人,从通用汽车到福特都向他伸出了橄榄枝。

可惜,他没有选择急流勇退或另辟蹊径。在外人看来,一个企业转型大师,一个有着"成本屠夫"绰号的人,应该在企业回到正轨之后选择下一个挑战。显然,戈恩在日产待的时间太久了(19年),身边围绕着一群自己亲自选拔的人,在自己的圈层之中,对外部的信息茫然,也自然对日产策划的"宫廷政变"懵懂无知。

而戈恩对日产和雷诺两家电动车企业发展的战略决策模糊不清,长于权谋,短于决断,以操控最终决定权的方式让两家公司都离不开自己,这更证明他缺乏全局视角和终局思维这两项非常重要的战略思维能力。

从他在日本受审的涉嫌经济案件被披露的指控中不难发现,长期担任两家全球大型车企的CEO已经让他斗志全无。他执着于和美国车企CEO的薪酬拉平,不满意日本对企业高管限薪的现状,让日产为他未来退休暗自准备了接近8000万美元的拨款,这些小动作,凸显出他并不是一个带领企业在剧变时代勇往直前的人。他过于关注销售数字,缺乏对新产品线——包括电动车——的投入,缺乏长期的规划,也证明领导者战略思想的缺失会给企业带来多大的灾难。

当然，因为戈恩个人操守问题导致其从职业生涯的高点陨落，葬送的并不仅仅是日产和雷诺电动汽车先行者的优势，更令日产、雷诺和三菱三家全球车企在整个汽车行业大变局中的地位岌岌可危。

电动车行业的"野蛮人"叩门逼着老旧的汽车行业必须抱团取暖，这一趋势戈恩心知肚明，才会积极推动雷诺—日产—三菱的大联盟。但不同于丰田和其羽翼下的几家小车企的深度整合，或者大众把众多小品牌收归旗下，抑或是菲亚特2014年对克莱斯勒的收购，戈恩的大联盟仍然停留在跨文化和跨市场的联合上，虽然有日本企业的文化骄傲和法国政府控股干预等诸多纠葛因素，却也凸显了戈恩缺乏坚定的战略执行力。

菲亚特—克莱斯勒2021年更进一步，与法国标志雪铁龙合并成立全球第四大汽车制造商Stellantis，而按照戈恩的计划，雷诺—日产—三菱的整合原本可以更快，却因戈恩案爆发而破裂，落得一个众输的结局。

通用电气的传奇领导人韦尔奇给战略以准确的定义：战略不是冗长的执行计划，而是核心观念和目标在不断变化的外部环境中演变的结果。这时，外部视角、情景规划、终局思维就显得尤为重要。

6.1　外部视角

好的管理者，应当具备独到的内部视角，对细节和流程都有着很好的把握，团队也有很强的执行力。在第三章谈管理的时候，我们特别提到从专注于效率向效率与韧性并举的转变，强调了应对外部快速变化的环境培养适应力的重要性。而要做到这一点，就需要外部视角。

如果说提升效率的最佳实践强调向内聚焦，那么适应剧变就需要向外聚焦，需要拥有从外部审视内部的视角，站在局外人的角度看问题，从整体看局部。这恰恰是做好战略的第一步，因为战略永远是在需求面前领先一步，一定需要具备前瞻性，一定需要跳出具体执行的当下来审视全局。

管理实践中有一句老话：跳出框子想问题（Think outside the box），其实也是在讲外部视角的重要性。要解决问题，需要跳出问题思考，所谓"不识庐山真面目，只缘身在此山中"。很多时候，之所以无法解决新问题是因为当局者迷，是因为缺乏新思路，缺乏突破口，是因为局内人的路径依赖。这时候，行业外非专家以外部视角所做的观察和点评，往往能够拨云见日。

人类学研究强调族内人/外来者（insider/outsider）的视角，即熟悉和陌生的双重观察视角，既能够拉近距离去观察，同时又能够超出自己原有的思维框架去审视，常常能得出新的洞察结论。商业也是如此。在一个日益被大数据和算法所统治的世界，用人的观察、理解、共情、换位思考等方式去分析未知世界日益重要。在一个被相关性解读的世界，要想发现真正的原因和背后的驱动，仍然需要对人的理解，从熟悉的人群（圈层）中找到陌生的点，同样从陌生人中找到熟悉的共通点。

那到底什么是外部视角呢？

首先，我们需要戴上他者的眼镜来审视自我，发现自己的盲点。外部视角常常能发现我们最习焉不察的东西。水中的鱼视水为无物，就好像我们对空气视而不见一样。如果水出问题，而鱼视而不见，那根本无从解决问题。在这个角度上说，外部视角能一语道破众人的盲点。

在2005年最早开始决定做空美国次贷市场的人是一位到佛罗里达州度假的金融家。度假期间，他与一名舞女结识，惊讶地发现舞女名下竟然有三宗房贷，而她根本承受不起，这引发了他对市场最前端"道德风险"的忧虑。

可是，具备这样的微观视角且愿意去花时间把金融创新品与市场上真实发生的交易联系起来的人太少了，因为大多数人都乐意生活在自己舒适的圈层里。当你看到了金融行业整体视而不见的风险的时候，也就发现了全新的机会。

其次，不同视角的观察，无论是外部视角还是其他人的观察，都能够发现局内人视野中失焦的地方。煊赫的地方，人人都知道，无声之处，反而可能给我们更多的洞察：大家都在回避什么？大家都对什么避而不谈？被遗漏的往往是最重要的。

数字时代，圈层化和信息茧房是每个人都可能遇到的难题。金融行业提供了一个重要的观察行业本身圈层化的视角。

金融创新创造了一系列只有内部人才了解的词汇，例如引发2008年国际金融危机的次贷危机中就有大多数人根本不知道的金融创新，如CDO（债务抵押债券）或者CDS（信用违约掉期）等，对金融行业的观察大多局限在冰山露出水面的一角，而冰山之下，尤其是债券市场、场外市场、衍生品市场等，都不大为人所知。

金融业者有他们自己的"创新迷思"，和硅谷相信科技万能的创新迷思一样。他们认为自己很牛，相互吹捧，而美联储前主席格林斯潘这样的监管者，笃信流动性充裕的金融市场有自我调节功能，不会积聚风险，却忽略了一方面流动性可能因为外部冲击而突然干涸，另一方面在重重"创新"之下，其实演化出了越来越不透明的金融产品，细节和风险越来越不被人了解，金融行业细分领域之间的鸿沟也越来越宽。2008年国际金融危机恰恰是"婴孩和脏水"（创新与滥用创新带来的后果）一起被倒掉的双输结局。

对大众来说，金融业者是一群拥有自己语言、文化、世界观的陌生人，就好像文化迥异的外来者一样。理解金融行业从业者这样一个分工日益细化、圈层日益明显的人群，和观察他乡异文化的陌生人本质上来讲是一样的。一方面，需要熟悉他们的文化，学会他们的语言，从而更好地沟通；另一方面，如果在沟通过程中能发现他们不说的东西、避而不谈的东西，则可能收获更多。

在许多总结2008年国际金融危机的叙事中，一个共同的外部观察是，金融行业从业者虽然都居住在同一个圈层，相互之间却更加壁垒森严，小团队因为商业利益而紧密团结在一起，但是跨部门、跨领域之间的沟通却很少。

换句话说，让金融行业内部人去描述整个冰山下的市场几乎不可能。以次贷为例，了解整个次贷产业创新链条的人几乎没有，每个人都只专注于自己的领域，因为奖金按年计算发放，从为期一年的时间窗口来看，每个人都是短视的。从这一外部视角看到的问题延伸分析，缺乏大局观和长期视角，是金融行业的致命伤。

金融行业每一部分的参与者短期的理性行为，放在10年以上长期的尺度上来衡量，就可能是集体的非理性。

最后，复杂的世界绝不可能只有一种解读方式。如何理解这个世界的复杂性，如何理解文化之间的差异性，就需要换位思考。外部视角也是一种重要的换位思考的方式，挑战自己的视角、自己的思维方式、自己的分析框架，来理解他人，达到共情。

传染性和致死性很强的埃博拉病毒在非洲肆虐，在该怎么治疗的问题上，为什么西方医疗专家和当地人会发生巨大的冲突？

因为西方医疗专家认为，隔离、改变丧葬习俗，是治疗埃博拉这种高风险传染病的关键。但非洲当地人却不那么认为，他们不知道密不透风的隔离室背后到底发生了什么，所以才会有大量人逃亡。丧礼是特别重要的仪式，关乎死人的来世和活人的今世，同样不可能轻易改变。经过一番换位思考，西方医疗专家治疗的方式因地制宜地变化了：隔离房间用透明的玻璃来解除患者的疑惑，让村里的老者来解释传染病的严重性，允许家人把病人留在家里居家治疗……

反向思考

还有一种重要的外部思考方式是反向思考（Contrarian Thinking）。反向思考有两层意思：一层意思是从与别人的观点相反的角度去思考，往往能理解别人判断背后的假设，从而推导出没有被具体言说的深意；另一层意思则是描述优秀领导者的一种矛盾统一体的素养，能够同时将两个看似矛盾的想法在脑海中并存，并且找出联系。比如，一个优秀的领导者同时推进两个相互冲突的任务，在取得强劲短期业绩的同时，为赢得长期目标而展开对未来的投资。

举个例子，创业者在向投资人提案的时候，遭遇说"不"的可能性比支持的要大很多。怎么理解这些否定的声音？其实投资人说"不"也有复杂的信息，值得创业者深思。首先，反向思考可以更好地评价投资人的想法。大多数投资人对新鲜创业想法持否定态度，很可能是因为他们对选择的赛道缺乏了解，或者没有兴趣，或者没有深度的理解，这至少可以让创业者在一段时间内没有竞争对手，因为投资人说"不"，也就意味着他们会跟其他类似的创业者说"不"，只要创业者此时坚持做好自己，能坚持下来，做出成绩，就可能在全新领域形成领跑优势。

相反，如果一个点子很轻易就被别人认可，创业者则需要仔细掂量，是不是类似的点子太简单，或者感兴趣的人太多，以至于一旦躬身入局，就很可能面临许多潜在的对手。

此外，反向思考可以让人从别人的"不"当中了解大多数人的"偏见"或者预设立场，从而更坚定地选定赛道的方向。一位渴望进入水果味饮料行业的女性创业者在和一家大型饮料公司的高管沟通时，高管很轻佻地建议："甜心，美国人是不会喝不甜的饮料的。"创业者没有因为对方的轻佻而感到被冒犯，却清楚地认知到对方的预设立场，即传统饮料大厂都认为饮料必须是甜的。这也就意味着至少在一段时间内，在非糖饮料的赛道里，大厂不会加入竞争。这样的洞见对于企业制定发展战略至关重要。

在第三章里特别提到了马斯克所拥抱的"第一性原理",即不断去挑战任何预设的假设,直指商业的实质。这其实也是善用反向思考的一种战略思维模式。

再举一例。因纽特人的皮艇为什么能在惊涛骇浪中行驶?因为它的形状和低重心使其容易倾覆也容易翻转,而倾覆之后迅速翻转恰恰是皮艇在大浪中不会沉没的秘诀。换句话说,在恶劣环境中如果仍然想要继续航行,首先需要挑战"船不能翻"这个假设,而避免倾覆是所有传统造船者的基础认知,这就使得造船者很难挑战"船不能翻"的假设,结果大多数船一旦倾覆就很难翻转。

在商业中想要取得战略突破,没有什么假设是不可以挑战的,比如说"船不能翻"。

6.2 大象问题:把握局部与整体的关系

在内部视角基础上嫁接外部视角,能够帮助我们跳出局中人的局限,全面审视问题,避免盲人摸象。换一个角度,还有一组多元视角也有助于我们更全面地分析问题、厘清战略，那就是俯瞰与微距的双重视角。

见树又见林

本书在第五章中谈领导力的时候，特别提到了大局观。"见树又见林"就是一种战略的大局观。微距的视角让管理者聚焦企业内部的具体问题，俯瞰的视角则需要管理者跳出具体企业，在宏观市场、产业发展、经济周期等多个维度，分析作为局部一分子的企业的决策与整体经济的发展之间的互动关系。

系统思维可以让领导者能更清晰地理解企业作为经济的重要组成部分。它们之间的互动，沿着产业链上下游的联动，从融资、物流、零售到消费的一系列动能，其产生的整体动能并不是简单的局部决策的加总（系统思维在本章最后一节会详细介绍）。

例如，如果核心企业都从自私的角度进行零库存管理，把存货的压力推给供应商，把精益生产的压力转移到几家物流企业身上，从公司内部微距视角去审视，管理和资源使用非常高效，但如果从整体/系统的视角来看，其实风险被转移了。外部对供应链的冲击可能影响到企业的运营，但这些并不是只专注内部管理就能够全部掌握的。过度依赖一两家物流商，在外部环境发生剧变时就可能成为瓶颈，就好像2021年全球的航运业那样，因为欧美报复性复苏，中美班轮从之前的60天延长到了120天甚至更久，货运价格上涨10倍，这些因素都是企业无法控制的，却会对企业产生严重影响。如果没有俯瞰的视角，就不可能有应对的预案。

同样，在复杂系统的互动中，个体的理性行为加总起来可能是群体的非理性，这在2008年国际金融危机中直观体现出来。每一家金融机构都具有保险意识，为自己的交易投保，但当主要的保险公司AIG出现了兑付风险之后，所有金融机构都发现，自己的交易风险陡增。保险公司一旦崩溃，将造成金融体系的系统性风险，因为所有交易的风险点都集中到了它的身上。

"见树又见林"，也体现在从不同维度看问题的重要性。降维和升维在管理学中被常常提起，那到底什么是降维打击？企业战略管理上又该如何升维？

降维，简单来讲就是在更高层面上显而易见的东西，在下一个层级就可能并不透明，也无法理解。这时候，拥有更高洞察力的人可以轻易通过降维打击，通过信息不对称来获胜。比如，一名领导者不在日常琐事上斤斤计较，把思考重心放在企业发展战略上，就可能发现更大的趋势，从而领先其他竞争对手。

在一种规模下可行的东西可能在另一种规模下不可行，升维便是打破这种不可行的方法。这一点可以用研发和规模生产之间的差别来比喻。比如，实验室中研发出来新产品，想要大规模生产，做到保质保量且成本可控，需要更多设计师、工程师和技术辅助人员的参与。

升维看问题，需要学习景观思维（Landscape Thinking）的概念，在我们习惯的二元世界增加全新的维度。

我们习惯竞争的方向通常是二元对立的，比如聪明对愚笨、勤奋对懒惰，如果用多元的视角看世界，就会发现，未来的图景不是简单地用聪明或愚笨、勤奋或懒惰这样非黑即白就能描述清楚的。很多人用登山来比喻努力，用登顶比喻成功。但在多元的世界中，有多个山峰，山峦曲折，沟谷纵横，它们都能让人获得成功。增加一个维度，就能解锁一系列全新的战略——比如"以退为进""曲折前行""自由探索"等——背后的意义了。

景观思维也能让我们更好地区分局部最优的选择和全局更重要的方向之间的区别。有时候只有当你登上顶峰之后，才能看到"一山更比一山高"，真正的巅峰仍在遥远之处，而攀登绝顶，需要从现有的山峰上退下来。如果说选择攀登眼前的这座山峰是局部最优解，但登顶之后发现巅峰仍然遥不可及，那才是全局重要的方向，这时你才会恍然大悟。有时候自由探索，找寻其他可能的路径，探索真正的目标，比一根筋地向上攀登更重要。这是景观思维最重要的战略启示。

商业的版图恰恰是这样复杂多元的景观，在这样复杂的景观中生存和发展，攀登只是基础的能力，探索方向甚至跃迁的能力更重要。亚马逊的老板贝索斯强调，创新既需要领域内的专业知识，也需要避免为该领域的知识所干扰和局限的能力，所针对的恰恰是复杂的商业景观，尤其是当景观还在不断发生变化的时候。

如果我们以个人电脑的发展历程为例就不难发现，技术的进步基本是线性向前的，但商业模式的发展和变化却充满变数。技术的迭代一路向前，优劣立现，企业的发展却不是。20世纪八九十年代曾经叱咤风云的电脑公司，能够真正坚持下来的并不多。两者之间的差别就凸显了科学发展与商业发展的维度的不同，科学方法基于放之四海而皆准的真理，不会因为环境的变化或者人事的变动而发生变化，商业模式中的变数则要多得多。

二阶效应

商业场景呈现出多维度的可能性，是因为商业的复杂。在商业世界中，任何技术的突破都能带来层层叠叠的涟漪，两三股潜流叠加或者相互作用，能出现完全意想不到的结果。

举一个例子。从 2007 年到 2017 年的 10 年间，为什么美国口香糖销量下降了 15%？在这期间美国并没有出台任何类似公共场所禁烟那样限制口香糖消费的新法律，消费者对口香糖的喜好度也没有发生任何改变。唯一显著的变化是 2007 年乔布斯推出了智能苹果手机。

一般人很难把苹果手机的推出与口香糖的销量直接联系起来，直到去超市的收银台转一圈才可能恍然大悟：超市收银台排队地点的两边陈列柜是口香糖最主要的展示空间，在排队付款的时候，为了打发时间，消费者很可能挑选一两包口香糖。智能手机的出现一下子占据了人们所有的碎片时间，包括排队付款的时间——更不用说移动支付出现之后的无人收款让收银变得更便利快捷——这时候消费者就不再需要东张西望选择买点什么小东西了。商业场景的缺失扼杀了口香糖的销量。

类似地，巴萨的主席曾经说过一句很有名的话：西甲豪门球队的竞争对手已不再局限于西班牙乃至欧洲的足球强队，他们的竞争对手涵盖了电子游戏和奈飞这样的在线流媒体平台，因为大家都在争夺年轻人的眼球和时间。

美国著名的天文学家和科幻作家卡尔·萨根（Carl Sagan）曾经说，汽车发明之后，很容易就能预测到高速公路的发展。然而，预测沃尔玛的发展则要难得多。讲的恰恰就是"二阶效应"。

"二阶效应"给企业带来了三大提醒。

首先，未来的竞争对手来自赛道之外，且很有可能是在当下还没有出现的产品和服务中。这时，一味地持续改善效率、迭代产品和服务，却忽略了产业之外可能出现的新产品，就可能是捡了芝麻丢了西瓜。前文中，我们分析过黑莓的战略失误，它一味追求自己所认为的专业人群在意的安全性和包括长待机时间在内的易用性，却忽略了苹果手机触摸屏和海量应用所带来的革命性的进步，就是忽略"二阶效应"的经典案例。

其次，如果保持一阶思维，只关注能体察到的因素，而忽略无法预测的因素，本质上是鸵鸟思维。对潜在风险视而不见，希望那些不太可预测的部分不会对结果产生太大影响；或者期待一切按照计划，奇迹恰到好处地发生。

当然，还可能出现"拿着一把锤子，看什么都是钉子"的行为。这是存在可衡量因素和不可衡量因素的时候，只选择可衡量因素的结果，当然也是大多数人需要克服的人性中倾向于找到简单的因果关系的因素使然。

最后，因为"二阶效应"的存在，系统崩溃的根源往往在崩溃真正发生之前就产生了。换句话说，这有助于我们理解治标和治本的区别。如果我们只看到表面的问题，体察不到深层次的根源，就无法预测危机，更遑论化解危机。因为系统中存在各种传导机制和延迟，很多深层次的危机并不会马上爆发，就会出现很多人坐在火山口上还不知道危机迫在眉睫的情况。

因此，"二阶效应"也是我们更好地去理解危机的抓手，因为大多数人无法看到导致危机的深层次的长期慢性累积的问题。

借势和"风口的猪"

雷军曾经用"风口的猪"来比喻借势的重要性，风来了，猪也能被吹上天。弄潮儿，冲浪要面向大海，挺立潮头，时机选择起决定性作用。风口、大潮，其实就是正在涌现出的新动能，如果有几种动能融合，借势也就成为充分挖掘"二阶效应"的战略选择。在日益复杂的外部环境和快速迭代的商业大潮中，多元趋势以不可预测的方式汇聚而成的风险被形象地比喻成"疯狗浪"。面对扑面而来的大浪，决策者不仅需要懂得如何规避，更需要理解怎样顺势而为。逆向思考，"疯狗浪"也是让猪能飞起来的大风口，弄潮儿是那些能够预判风口并做好准备的组织。如果说在相对平稳的世界，效率带来的渐进改变是推动企业发展的主要动能，那么在剧变的时代，指数级增长则是成功企业需要拥抱的主线，借势成了关键。"疯狗浪"恰恰蕴含着巨大的势能，如何借势变得至关重要。

关键技术和基础设施的发展，就可能推动大潮的形成。1843年，美国铺设了全球第一条从巴尔的摩到华盛顿的电报线。电报的出现，改变了世人对信息传播的认知。

一旦电报被证明其快速传递信息的功能，一下子就推动了诸多产业的发展。比如新闻业，1846年爆发的美墨战争是第一场通过电报被"实时"报道的战争，推动了报纸的普及，也催生了合众新闻社这样的依赖电报传播的新闻通讯社。又比如证券业，电报的迅捷传递可以让交易员在不同市场的价格差异中找到套利的机会。再比如铁路业，电报出现之前，铁路在英国和美国都已经铺设了一定的里程，但缺乏一套好的管理方式，在电报出现之前，铁路的物流管理没有章法可循，因为信息传递最快的就是铁路本身。但是电报改变了这一切，可以让铁路管理者及时了解线路上列车的运行情况，以便更好地规划，形成一套完善的物流和客运的管理体系。

当然，电报还推动了银行业的发展。康奈尔（Ezra Cornell）（康奈尔大学以他的名字命名）与威尔斯（Henry Wells）合作，投资了许多家电报公司，最终联合成为西联汇款公司，到了19世纪末，西联汇款有超过160万千米的电报里程，每天传送20万条电报。威尔斯自己则创建了两家现在仍然存在的企业——美国运通和富国银行。

类似弄潮儿的例子比比皆是。第二次世界大战之后，美国前总统艾森豪威尔主导建设了连接全美的洲际公路网。这一关键技术和基础设施的发展，叠加美国汽车行业的飞速发展，以及战后大城市郊区的兴起，颠覆了传统都市圈的布局，也重塑了商业模式，催生了沃尔玛这种在郊区设立的大型超市，以及麦当劳这种依托高速公路快速发展的连锁餐饮行业。

借势，需要找到"疯狗浪"带来的重要势能，如果能抓住触发点，就能取得指数级的增长。

利用触发点来发挥优势的是弄潮儿。最成功的企业不是从头开始创建整个行业的企业，也不是单枪匹马与老牌领军企业对抗的企业，而是能够看到被压抑的力量、为驾驭它们所释放的浪潮做好准备的企业。当一个市场快进入触发点的时候，关于触发点的相关认知已经非常成熟，在这时，企业从自己的核心延伸出去，就可能收到事半功倍的效果。通过卫星网络提供全球通话和资讯服务，并不是马斯克这一代人才有的梦想，20世纪90年代末美国铱星公司发射了66颗用于手机全球通信的人造卫星，希望构建覆盖全球的卫星电话网络。铱星公司的构想宏大，其卫星电话的确让身处边远地区的人有机会享受电话服务，但其高昂的价格意味着根本没有商业发展的空间。2000年铱星公司宣布破产。

20年后，马斯克创建的星链公司准备在全球部署几千颗小卫星，提供覆盖全球的高速互联网服务，成为投资人的新宠。原因很简单，星链公司很会借势。马斯克创建的SpaceX把火箭发射的价格削减了至少九成，随着手机元器件之类的精密电子技术的发展，小卫星可以直接采用各种零部件组装而成,体积更小,造价要便宜得多。站在技术迭代成本大幅削减大潮的潮头,星链的成功要容易得多。

从这个意义上来讲,要想充分挖掘"二阶效应",展开借势的战略,需要企业的管理者对外部环境,尤其是更大系统的大趋势有清晰的理解,能够识别并预测多种重要因素,并对它们交织下可能产生的全新可能性做好准备和预案。懂得区别风险和机会,就可能成功。

善用"二阶效应",需要做先知先觉的人,做好一切准备等风来。

6.3 设计思维与情景规划

很多人称赞乔布斯在"技术和艺术的交叉口"找到创新,其实第一个提出这一视角的人并不是乔布斯,而是宝丽来(Polaroid,又称拍立得)的创始人兰德(Edwin Herbert Land),他也是乔布斯激赏的企业家。1972 年,宝丽来生产出拍立得相机 SX-70,深受消费者欢迎。1977 年,宝丽来再接再厉,推出拍立得摄像机,可以使用当时售价一盘 30 美元的卡带胶卷拍摄三分钟影片,并且和拍立得相机一样,可在几分钟内冲洗可供放映的影片底片,其噱头与后来乔布斯离开苹果之后推出高端的 NEXT 电脑如出一辙。

从技术的发展上来讲,即拍即冲的摄像机的确是拍立得相机顺理成章的延伸,兰德醉心于其中,攻克了大量技术难题:按照 24 帧 × 60 秒来计算,一分钟的短片需要冲洗 1440 张底片,能够在几分钟内将一盘三分钟的摄影胶卷几千张底片全部冲洗出来,而且立刻就能架上机器放映,的确是技术上的巨大突破,难怪产品发布之后会赢得媒体的众口赞誉。

但拍立得摄像机推出的时机有问题,因为数码摄像机技术在 20 世纪 70 年代末已经有了长足的发展。拍立得摄像机虽然能拍摄出颗粒度更清晰的影片,却全然不是后续推出的电子摄像机的对手,因为磁带可以多次使用,家庭拍摄用的录像带也没有那么高清晰度的要求。拍立得的摄像机和胶卷过高的价格,都超出了普通老百姓的预算。

在发布会上,虽然拍立得摄像机获得媒体一致好评,但一位华尔街的分析师却发出了不同的声音,自讨没趣地问怎么看新产品对公司盈利的影响,惹得兰德大为光火。

事实上兰德的确没有考虑过产品如果滞销会怎么样，或者投资几亿美元研发和生产拍立得摄像机是否划算的问题，因为他醉心于项目，只从产品研发的角度判断成败，已经无法给出客观的评价。

大多数人都没有听说过拍立得摄像机，因为当年只卖出了不到 1000 台，大多数的存货都被当作废品处理了，为此宝丽来损失了超过两亿美元，元气大伤。从另一个视角来看，拍立得摄像机和乔布斯的 NEXT 高端电脑都是技术突破的创新产物，却又是商业上不合时宜的失败者。究其原因，兰德和乔布斯输在了他们的路径依赖上。

兰德推出拍立得摄像机的一个很大原因是希望延续拍立得照相机的商业模式，耗材的盈利远远大于售卖照相机和摄像机，如果采用数码摄像，存储卡可以重复使用，耗材的盈利会大大削减。为此他希望率先推出拍立得摄像机，占领家用市场，却大大低估了性价比在家庭消费选择中所占的主导地位。

同样，乔布斯一直在做硬件的生意，他对于软件没有概念也看不上软件的生意。他将 NEXT 定位为设计美观、功能强大，且具备巨大图形处理功能的个人电脑。但市场已经改变，软件是推动电脑行业发展的未来。只有在遭遇到巨大的挫折之后，乔布斯才清醒地意识到软件的重要性。最终，他把NEXT卖给了他创建的另一家动画公司皮克斯（Pixar），因为NEXT很适合刚刚起步的数码动画设计。

其实，类似的战略失误比比皆是。IBM在进入个人电脑领域之初，也是同样的硬件思维，把硬件的核心CPU交给英特尔，把软件交给微软开发。几十年后，微软和英特尔都成长为巨头，IBM却沦落为二流企业。

拍立得摄像机的失败，凸显了战略决策中的另一组重要思维——设计思维和情景规划——的重要性。设计思维并不是很多人望文生义认为的设计才能，其本质是"用户思维"，否则，拍立得摄像机和NEXT电脑一定是设计思维的典范。情景规划则是需要企业的管理者在推出新产品和新服务之前对外部环境有清晰的预判，对创新推出的市场反应至少做出"高、中、低"三档预测，并做出预案。

兰德和乔布斯都犯了过度强调设计而忽略用户的设计思维之错，缺乏情景规划也让他们在创新失败之后必然遭受巨大的冲击。

设计思维

什么是设计思维？乔布斯在 20 世纪 90 年代末重返苹果之后（也就是 NEXT 创业失败之后）这么形容，设计并不是产品外观，而是它如何运作。换句话说，这是乔布斯对产品设计的要求，设计不只需要外形抓眼，而且要功能先进，符合客户的需求，而这几点是密不可分的。乔布斯还说过一句话：真正想做好软件的人，必须做好硬件。其道理也是如此。设计思维是从整体去看一个产品和服务能为客户解决什么问题的思维模式。设计思维是理解苹果竞争力的核心，即把软件、硬件，以及客户使用场景融会贯通，从用户与产品的互动中给用户提供最大的价值。

8 Inc. 是苹果发布会和苹果零售店的"御用"设计团队，它的创始人科比（Tim Kobe）与乔布斯有着十几年一同共事的经历，也把设计思维深深植入苹果的产品体验中。科比在《体验回报》（*Return on Experience*）一书中重点谈到了设计师如何拥抱设计思维。

第一，设计思维是一种改变。在一个快速变化的商业世界中，改变是常态。因应改变，设计最重要也最具挑战的要求，就是如何帮助人去适应和理解这种改变。

第二，设计思维要求设计能与用户产生一种连接。连接就是让用户感知到你在意他，让用户感知到美和愉悦，要让用户产生情感上的关联，甚至像苹果的铁杆粉丝一样产生非理性的忠诚感。

第三，设计思维与产品思维的最大区别在于，产品思维是理性的，设计思维却需要引入模糊性。

从产品思维出发，最常见的问题是"为什么"，人们最常做的是去解答因果关系，而往往忽略了另外一种模糊却同样重要的关系，即关联性，这是"用户看到产品和服务后，能联想到什么"的问题。而这种与用户在心智上的连接，恰恰是设计思维需要去回答的。

这也是一种站在生态的视角去看待设计的眼光。跨界思维就需要跨越理性和感性的边界，理性可以让你冷静分析一个产品的优劣，感性却可以让你感知产品和服务的温度以及与用户可能产生的连接。面对难题，不是先去讨论答案，而是问自己遇到这样的问题的第一感受是什么，这种思维往往能够另辟蹊径，也能够让人从不同角度去思考。

设计思维需要不断接受挑战。设计归根结底是产生连接，让消费者在空间中与某种产品和服务产生关联，产生情感上的联系和参与感。

苹果零售店最重要的设计理念是让用户——而不是消费者——参与到苹果的产品之中，让高科技的产品也能够变得易用，让用户更好地去体验产品（即构建一个社区和社群）。而巨大的销售量，或者说苹果店非常高的坪效比，只是结果之一。更重要的结果应该是复购率和粉丝对产品的忠诚度。苹果零售店的设计是其他品牌无法直接效仿的，因为他们首先要理解自己的产品服务与消费者的连接到底是什么，然后再通过设计体现出来。因此，设计思维是如何把那种无法言说的东西立体地表现出来的一种诠释。

设计思维需要整体感，也就是突破"见树不见林"的局部视角，突破传统工业经济因为专业化而带来的条块分割。设计本身就被细分为了工业设计、建筑设计、环境设计、品牌设计等诸多专业的领域，各自之间泾渭分明。但设计思维恰恰需要超越这些不同的领域，带入整体感。

两方面的变化让设计思维变得更加跨界。一是以人为本的产品和服务理念。以人为中心，而人的体验是绝对不会分割地去看待不同的设计的，它强调整体的感受，这恰恰是新时代设计师需要去提供的，而不是头痛医头、脚痛医脚。二是后工业时代的跨界和连接变得特别重要，提供好的灵感，需要真正跨界思考，因为产品和服务已经不再能简单分割。

以人为本地帮助企业应对快速变化的世界，在与用户建立感知的连接中挖掘"体验思考"的魅力，在具体的人、产品与服务的体验以及空间三者之间的互动过程中创造价值，成为贯穿《体验回报》全书的主题，也是对设计思维最好的诠释。

荷兰的护士实验

当然，设计思维不仅仅局限在产品，服务中也需要贯穿设计思维，以用户为本去重新组织如何更好地提供服务。

21世纪第二个10年，荷兰的一次护士改革实验就是经典的设计思维的体现。实验希望解决的问题是，如何提升为居家养老者提供上门服务的护士的工作质量？

参与实验的护士首先需要把杂乱无章的（Complex）的工作与复杂难懂（Complicated）的工作区分开来。Complex与Complicated都可以翻译为"复杂"，在英文里却有明显的不同，前者强调的是没有遇见的新问题，后者则是缺乏流程和最佳实践带来的混乱。

就护士的工作而言，前一种复杂（Complex）体现在为各种不同病人提供护理工作，几乎是需要做到完全定制化的，即使同一种病，两个病人的表现形态也会完全不同；后者（Complicated）则体现在派送护士的流程，虽然复杂，但可以改进。如果要设计好一定的流程，用电脑来制定排班表，就能提高效率。

将两种复杂的问题分开解决，把如何提供护理的工作和如何让护士的排班变得更有效这两个问题分开解决，就能更好地贯彻设计思维。

护士是经过训练的专业人士，只要给予足够的资源和自由度，就能更好地为病人提供定制化的服务。但如果想要利用一套系统把他们为病人的护理排班工作也管起来，并且制定一系列刚性的考核指标，就可能把他们和病人都给"异化"了。如果不考虑病人的需求千差万别，而人为地制定考核目标——比如平均每次访问需要持续多长时间、平均每天一名护士需要访问多少户人家——护士们为了达标，所思所想的可能不再是对病人最好的选择，而病人也会抱怨。实验的一大成果是组建了许多个去中心化的小团队。每个小组由十几名护士组成，负责看护五六十位病人。小组成员共同制定排班表,制定共享的病人记录文档,在成员生病和有事的时候可以相互替班,更重要的是他们在如何照顾病人的问题上有完全的自主权。

如果亲属都在家中,且病人情况不错,护士十几分钟就能做完访问。如果情况复杂,护士可能一待就是一两个小时。但超时也不用担心,护士直接在小组群里通知一声,大家进行协作,动态调整,不会耽误其他病人的看护。

实验大获成功,在荷兰推广覆盖了六七成居家老人,节约了上亿欧元的经费,还增加了护士的责任心、成就感和归属感。当然,最重要的是提升了居家老人整体的护理水平。这就是贯彻设计思维实现多赢的好例子。

情景规划

什么是情景规划?著名投资人芒格(Charlie Thomas Munger)的一句话说得很好:除非将所有可能的负面因素考虑在内,否则你无法判断一个想法是否可行。所以,情景规划一方面是要做压力测试,把可能面临的各种负面问题都想清楚,了解所有的可能性,考虑最坏的情况,然后想办法消除无法忍受的情况。

马其诺防线和"泰坦尼克号"是两个没有做好极端情况预案的例子。

马其诺防线是法国接受第一次世界大战的教训后,在法、德边境精心构建的正面防御阵地。但法军并没有仔细考虑德军从比利时绕道,在侧翼攻击马其诺防线的可能性,结果在德军闪电战的攻击下,法军腹背受敌,马其诺防线完全没有起到防御作用。

"泰坦尼克号"也是如此,这艘当年被誉为永不沉没的豪华游轮,拥有 16 个水密舱,设计安全度很高,即使 4 个水密舱漏水,也不至于沉没。问题是,水密舱的隔层并没有向上延伸到更高的甲板,也没有考虑到顶层漏水的情况,在船只侧倾之后,顶部承压,很快就击破各个水密舱,最终导致船只沉没。

在这两个案例中,没有想到的最坏情况,即"负面奇迹"竟然发生了。其教训也很明显,需要把最坏情况当作可能的事情来对待,应对好"负面奇迹"。

情景规划的另一个面向是模拟和建模,以便预想未来可能发生的多种情况。恰恰因为未来无法预测,所以才需要有情景规划,考察推动发展背后的不同力量,它们如何互动,以及交互之后可能产生的影响。换句话说,应对未来的变化的能力，取决于我们的情景规划能力。

情景规划可以让你探索不同的行动如何影响各种假设情景，帮助你识别更多可能的未来，可以加速组织的学习、发现不太可能的机会，并在部署计划之前防止威胁的出现。

李思拓推动诺基亚在智能手机行业溃败之后成功转型成为电信运营商，他把情景规划的能力放在一个很高的位置。他很清楚，能够知道备选项是什么，才能真正发挥领导者的主动性和能动力。李思拓认为"如果只有一个选择，你就是乘客；如果有多项选择，你就是司机"。

所以，在李思拓的领导下，诺基亚能在恰当的时机将手机业务卖给微软，获得难能可贵的转型资本，凸显了灵活度和预案的重要性。外人可能会问，没有了手机业务，诺基亚还是诺基亚吗？的确，现在的诺基亚已经基本没有手机时代的员工了，但诺基亚作为企业和品牌延续了下来，迭代重生，达成了决策者最重要的目标。同样，如果无法知己知彼，没有对多变的未来做好预案，诺基亚手机业务可能以破产告终。最终结局的确如此，诺基亚手机业务被微软收购几年后就整体关闭。

诺基亚的案例显示，我们应该对未来的各种可能性做出情景分析，然后对不同可能性带来的后果做出仔细、详尽、多维度的评估，准备好各种应对的预案，才能更好应对"黑天鹅"事件的意外打击，或者抓住稍纵即逝的机会。这也是情景规划自相矛盾的点。自相矛盾之处在于，情景规划的最终目的是追求确定性，但追求确定性的方法却是大胆拥抱不确定性，而且探讨得越仔细、准备得越充分越好，最好在推演过程中，团队中还要有假扮对手的"魔鬼代言人"。

战略决策中必须花时间去做情景分析，尤其要对那些不太可能发生的情景做好基本的预案。这么做有三方面的好处。首先，可以减少焦虑，因为在准备预案的时候，你需要把精力放在思考有哪些可能性上，而不是因为外部环境的不确定性而一筹莫展。其次，它也会使你增强控制局面的能力，因为它给你在思考未来时提供了纪律性。最后，即使遇到意想不到的情况，因为至少有了一些不同预案的规划，你也不至于手足无措。

当然，情景规划也是一种无尽的游戏，因为可能性无穷无尽，好比从大树的根开始向上分叉，这样的分叉可以无限进行下去。无尽游戏的好处是可以把问题分拆，然后仔细研究各种变量，做好准备，避免出现难以应对的意外。但情景规划也需要"有所为,有所不为",不可能穷尽各种可能性。

戴尔电脑的创始人戴尔把情景规划分为两大步骤:搜集事实,并基于事实列出可行性方案;根据可能性做出预案之后,做出战略选择并开始实施。

即使在大数据人工智能的时代,情景规划仍然十分有用。一方面,大数据使用的是可以数字化的数据,但是还有太多数据——非结构化数据、人际之间的数据、人工搜集的情报(机器和高科技搜集的情报并不能取代人搜集到的情报)——还没有数字化;另一方面,大数据是对过去的反映,根据大数据对未来可以做一定预测,但无法预料到环境发生剧变时涌现出的新的可能性,这就需要人的参与,因为人有想象力。

情景规划的另一项重要的应用是思考未来获得巨大的成功会是什么样的图景。风险投资看重创业者的能力,也看重他对未来蓝图的想象力。巨大的改善始于设想未来销售额翻100倍的结果。利用你已经做到的来设想未来的情景,再从未来这一结果开始,回溯到当下,看看要实现这个结果需要拥有哪些能力,这就是下一节我们要讨论的终局思维。

6.4 终局思维

讲终局思维，离不开马斯克。因为终局思维是把前文提到的一系列战略思维结合起来的复杂思维模式。畅想未来发展，必须"见树又见林"，能够把握整体产业的发展前景，同时又能超前地看到"二阶效应"甚至"三阶效应"，并且在很多情况下用夸张的叙事描述出来。终局思维又需要情景规划，从实现未来高远的目标倒推出当下该如何行动。

马斯克很善于利用社交媒体传递自己对未来的想法，马斯克深谙社交媒体的游戏规则，玩转社交媒体将是未来创业型企业家的标配。马斯克选择做网红——非常重要的一点是，网红并不是一种特定的职业，而是一个对外传播的发声渠道，是移动互联时代赋予特定人群的"大喇叭"——是因为他可以有效利用网红的"大喇叭"来传递自己的想法和观念，尤其当这样的想法和观念称得上"惊世骇俗"甚至"挑战人的认知"时。

马斯克与那些博眼球的网红最大的区别莫过于，大多数网红的"语不惊人死不休"，只是为了博得关注，马斯克体现的却是在当下很难为人所理解的真正的前瞻性。当他宣称将用电动车取代汽油车，为延缓全球变暖做贡献的时候，很少有人相信他。但他其实是在帮助所有人做一场思维实验：从解决全球变暖、避免化石能源危机的视角，切入电动车取代汽油车这种万亿美元巨大市场的转型，就能让许多人意识到一种危机感和一种未来的不确定性，然后再抽丝剥茧地详细分析应该如何做大电动车市场。

当他宣称人类的终局是跨行星生物，而自己一定会登陆火星，不管是软着陆还是硬着陆的时候，大多数人都认为他是疯子。但这恰恰是他终局思维的最佳体现。因为这样的思考，首先给出了一个未来宏伟的目标——人类要在火星上建立一个殖民地——然后进行情景分析，如果要达成这一可能性，需要发生什么奇迹？从而做到从未来倒推现在，才能进行具体分析。

具体分析下来，首先要思考达成目标的路径，并分析每种情况的可能性，然后选定一些主要的路径，分析怎么做可以让这些路径更有可能发生，再整理时间线，分析我们需要特定路径在何时何地发生，最后追问一个非常重要的"如果……那么……"的问题：如果它们没有发生，我们应该如何回应？

事实证明，马斯克正是沿着这一思路去推动私人航天的发展的。目标是在火星上建立殖民地，要做到这一点就需要建立更强大的火箭，大幅削减发射成本。而要大幅削减发射成本，必须彻底改造火箭的制造规则，让火箭能够重复使用。火箭最大的成本是火箭发动机，如果火箭发动机能够重复使用就能大幅削减发射成本。重复使用的关键是火箭发动机的标准化和集束化，以及火箭能够垂直降落。

事实证明，SpaceX 正沿着马斯克的思路，改写航天业的游戏规则，大幅降低发射成本。

因为马斯克在历史上的每次重大承诺最终都兑现了——虽然兑现的时间总是会一拖再拖，但这是预测未来不确定性的本质——这就让当下他的网红属性发生了 180 度的变化。从原先大多数人认为他在博眼球，到现在大家都在关注他所青睐的下一个剧变产品是什么，因为那可能就是未来重要的创新（The Next Big Thing）。

马斯克并不是预言家。世界上没有谁是真正的预言家。相反，马斯克是终局思维的拥抱者，他的经历展示了终局思维作为强大的战略工具的重要性。要想建立终局思维，你需要确立一个远大的目标，一个你愿意付出巨大努力、投入无限精力来达成的高远的目标，然后用一系列"如果……那么……"的情景分析问题，用以未来为先的方法，从未来回溯到现在。

"未来已来，只是分布不均"

"未来已来，只是分布不均"，科幻小说家吉布森（William Ford Gibson）的这句话也可以很好地去形容终局思维在商业模式创新中的另一个应用场景：把先发市场上已经成熟的模式引入后发市场，从而在不同区域内"套利"。换句话说，就是"拿来主义"。

从未来看现在的终局思维，是投资者尤其是风险投资者必备的技能。风险投资者想要筛选出有潜力的企业，需要具备广度和关联度。

广度，即眼界的跨度，决定了前瞻性，因为技术在不同细分赛道的普及度不同，能够提前看到洼地就是前瞻性。

孙正义为什么会选择在 1999 年投资马云，而且大笔一挥就是 2000 万美元（占比 20%）？ 当时，是高盛牵头介绍马云和蔡崇信给孙正义认识。不同的叙事中会凸显马云或者孙正义的前瞻性。但如果从终局思维的视角去分析，不难发现，并不是孙正义慧眼识珠，而是他善用终局思维，看到了阿里巴巴在中国市场的潜力，有助于完成他100倍投资收益的终局。截至2014年阿里巴巴上市，孙正义的投资回报高达500倍。

与其他追求收益的投资人不同，孙正义追求的是系统性趋势，是在市场热潮普涨中赚钱。他的特点就是具备广度，能跨界看问题，能够在市场的不均衡发展中看到洼地市场的未来。1999年投资马云的时候，孙正义已经投资了思科，当他看到思科的网络设备热卖而中国又是互联网快速发展的市场之后，他选择投资了7家高盛推荐的中国新兴互联网潜力企业，其中就包含了阿里巴巴。换句话说，阿里巴巴是当时孙正义认为可以成就中国互联网飞速发展的一个赌注。

类似的终局思维在风险投资中屡见不鲜。2019年，红杉发现大多数行业都已经被互联网所颠覆了，唯独电信行业还很滞后，红杉就选择投资3个互联网会议和视频的企业，包括后来大红大紫的Zoom。这就是一种前瞻性。当然，他们同时又选择做空传统电信行业，赚钱效应更明显。

关联度最好的策略就是"借此为彼"(the this for the that)(如打造中国的脸书、俄罗斯的亚马逊)在发展程度不同的市场之间做套利。优步早期的一位投资人,他在投资优步之前就投资了OpenTable(一个聚合消费者和餐厅的美食平台,与大众点评相似),投资成功之后一直在想还有哪些领域可以用平台的方式来颠覆,他想到了出行,并且积极搜索这类的公司,最终锁定了优步。这种畅想未来,然后"按图索骥"的投资方式,就是终局思维的体现。

当然,运用终局思维时还需要在目标和灵活度之间做取舍。终局思维强调需要确立一个高远的目标,然后从未来回溯到现在;而灵活度则强调不要拘泥于一个固定的目标,要积小胜为大胜,在具有不确定性的探索过程中,也能够有开放的心态。

在不确定的情况下,相比追求单一结果的做法,制订计划、瞄准一系列成功(积小胜为大胜)要更胜一筹。探索未知世界,莽撞地怀着预定结果闯进这个世界是愚蠢的。应对不确定性意味着不断测试你的假设,也不断因地制宜调整你的假设。

应用终局思维制定战略，就是要做先知先觉的人，做好一切准备等风来。这需要情景规划的详细讨论、外部视角的研判，以及未来趋势的畅想。

未来视角还可以应用在日常管理之中。制定年度战略要从未来出发对当下进行复盘，团队需要锻炼从不同维度和视角去思考未来；在遇到瓶颈或未来一片混沌的时候，逆向思考提供了另辟蹊径突围创新的途径；学会留白，在计划中留出缝隙，给具备"独特客户价值"的新物种留出空间，及时修剪、聚焦、施肥。

竞争并不是解决复杂问题最关键的因素，只有竞争而缺乏多元经验的组合，缺乏试错的实验，是很难做到具有创造性的。生物学和大自然的经验，与人类社会发展的实际，如果说背后有一条统一的线索的话，那就是既有有差异、有竞争的选择，也有跳跃式、重组式的创新。恰恰因为复杂问题没有唯一的正确的答案，解决复杂问题才可能有许多种不同的可能性。

在复杂多变的世界，创造生长的多种可能性是战略的核心。战略的核心是系统思维。

6.5 系统思维：理解复杂

系统思维是复杂学[①]的研究，基于三组简单的概念。

一、**存量和流量的概念**。存量可以增加也可以消亡，就好像水池里的水，或者海洋里的鱼，或者社群里人与人的信任，银行里的钱一样。存量的增减都是流量。既有存量又有流量，就需要动态观察的视角。因为存量不可能一下子清零，系统总会有一定的滞后性；同样，存量也可能达到临界点，此时增加一点点的流量就可能进入一个完全不同的状态——所谓压垮骆驼的最后一根稻草。而临界点本身又是非常值得研究的状态，就好像冰水混合物，或者秩序和混乱的边界。

二、"反馈循环"和"反馈回路"的概念。回路描述了流量和存量之间的相关性。有两种回路，一种是正向的，不断加强，螺旋上升的；一种则是平衡的。

---

① 复杂学：一门研究自然界中各类系统复杂性的科学。

三、延迟的概念。延迟会增加系统的稳定性。延迟是因为有一定的存量,在突然受到冲击的时候,比如说银行系统面临挤兑的时候,存量就能够起到一定的缓冲作用。延迟能让冗余发挥作用。但这种延迟也可能增加系统的惰性,这也是改革不容易的原因。

延迟还体现在信息不对称和系统中的滞后,即信息的滞后和物理的滞后,这会给整个系统的反应和反馈带来很多变数,导致波动性。对4S店的经济学分析就是一个典型案例,当消费者需求信息沿着供应链传播呈现一定程度的滞后性时,就会导致车辆生产的波动性和4S店存货的波动性。

信息流动的延迟和扭曲则是庞大组织丧失韧性的原因,无法对新情况、新环境做出迅速响应。当一个组织的等级越来越森严、层级越来越多,信息传递的效率就越来越低,在传递过程中被过滤而失真的情况也越来越多。这是组织僵化会带来非常严重问题的原因,也是大企业都希望变得日益扁平化的原因。

恰恰因为存量、流量在反馈循环和延迟的过程中发生互动,才推动了复杂适应性系统的产生。系统之所以复杂,是因为系统中各个单元在互动中可能产生无法预测的涌现的行为，而系统又是自适应的，因为它在不断进化，在动态过程中，之前的结果成为后续的动因。这样的系统是自组织的、进化的，也是多元的。

涌现、组织和自适应，同时又在不断进化，这就是系统的特点，也是系统思维解决复杂问题的抓手。

解决复杂问题的时候就需要突破人为的界限——系统并没有界限，人为的界限只是帮助我们更好地理解问题而已——不能头痛医头，脚痛医脚；同样，我们一定要给心智以灵活度，不断突破人为认定的障碍给我们带来的困扰和盲点。

国家也好，企业也罢，在增长的过程中，约束瓶颈都在不断变化，外部环境也在发生变动。如果能意识到这样的变化和变动并做出反应，是解决问题的第一步。面对增长中出现的新问题，不能面多了加水，水多了加面。

用系统思维看复杂问题，需要意识到系统的改变可能会大大滞后。比如说婴儿潮是人口激增的一代人，解决他们的问题必须循序渐进，因为他们每个人几乎都得沿着幼儿园、小学、中学、大学、就业、养老线性前进，每个系统的节点都需要按照时间推移不断经历人数的增加，不可能短期改变。这意味着对待改变需要有耐心。

用系统思维也能理解为什么事物的发展也符合进化论的规则。比如竞赛的帆船，或者F1的赛车，已经与传统的帆船和轿车完全不同，原因就是"进化"的结果。如果给定了规则，也给定了目标（有边界，有激励），参加帆船比赛的帆船就会在规则允许的范围内，为了达成目标赢得比赛而不断优化，目的是速度第一，其他航海性能都被弱化了。同样，F1赛车也是如此。

系统思维能够帮助我们理解什么是治标，什么是治本。

森林里出现了病虫害，简单的想法就是用杀虫剂来杀虫，一般人不会有异议。但是如果用系统思维来思考，就会发现，如果不去分析病虫害产生的背后原因，了解森林生态系统的发展规律，简单粗暴地滥用杀虫剂，破坏了系统自有的平衡，反而会出大问题。

了解虫害发生的原因，是要了解害虫的繁殖为什么会有周期性，害虫、害虫喜爱的食物、害虫的天敌，三者之间又是如何互动的。在北美的一个案例研究中，科学家发现，害虫激增的原因是它们爱吃的特定树木的激增。害虫激增的早期，它们的天敌也会大量繁殖，控制害虫的生长，但是因为两者繁殖的速率不同，会达到一个临界点，之后天敌已经无法再同比增加了，就形成了虫害。在自然生态中，虫害只能被大环境的限制所扑灭，即当爆发的害虫几乎吃光它们所喜爱的树木之后。但虫害也并非没有任何意义，因为害虫吃光了某种野蛮生长的树木（食物的充足是引发虫害的最初原因），反而有助于其他树木的增长，促进了森林多样性的回归。从生态平衡的角度来讲，任何物种的野蛮生长都是有问题的，多样性反而更容易维持物种间的平衡。

北美历史上，类似的虫害总是周期性产生，也算是森林自身新陈代谢的一种剧烈的展示方式。但是不明就里地大规模使用杀虫剂，就会从根本上破坏生态的平衡。

用杀虫剂杀虫是治标，了解森林生态变化然后找到虫害背后的根本原因再有所干预，才是治本。无论是反腐败，还是商业领域的风险管理，如果站在系统思维的角度，就会发现治标与治本之间的本质区别。

复杂系统

复杂系统有 4 个特点，分别是涌现现象、非遍历性、根本不确定性和计算的不可化归性。

塞车就是一种涌现现象；股票市场中股票下跌可能有

更多的买盘，也可能导致更多人因为恐慌而跟着砸盘，这就是非遍历性，同样的现象可能带来完全不同的结果；朝觐的人群中突然出现了踩踏现象，是因为根本不确定性；而要想了解金融市场的发展情况，则必须亲身经历，因为没有哪个模型可以简单模拟——不然人工智能早赚大钱了——就是计算的不可化归性。

详细解读一下复杂系统的4个特点。

第一个特点是涌现现象。因为复杂的系统中有各种不同的参与者，把不同参与者的相互影响和互动汇集起来，就会产生预料不到的结果。

涌现现象强调的是这种系统整体所产生的现象与参与者个体的主观意愿没有关联。比如没有哪个正常的司机希望制造堵车，也没有哪个人群里的人愿意推搡踩踏，但是事实上堵车几乎天天会发生，踩踏事件也会在最出人意料的情况下突然发生。涌现现象就是指系统中所有个体行为的总和并不等于系统整体的行为，有时候系统整体的行为会有出人意料的现象。

对涌现现象的理解，有助于我们更清晰地去了解局部和整体的关系、参与者与环境的互动关系。

第二个特点是非遍历性。什么是遍历性呢？遍历性就是指过程中的每一次都遵循同样的规则，只要对过去发生的概率进行分析，就能推导出未来同样事件发生的概率。比如说扔骰子就是遍历性的行为，无论在什么时候，抛出"1"的概率都是1/6。

很多科学研究的模型都是遍历性的。传统经济学的假设也是认为大部分经济活动都是遍历性的，研究价格变动所引发的供求关系变动的法则就是一个例子。传统经济学认为，一旦价格下跌，需求就会增加。但是在金融市场里，发生危机的时候，价格下跌导致的不一定是买盘的增加，反而可能是更多人跟风甩卖，导致价格进一步下跌。导致这一现象的原因可能有很多，既有可能是市场参与者有被迫"平仓"的压力，也有可能是恐慌情绪让参与者乱了手脚。

可以从两个方向深入理解商业与金融体系的非遍历性。首先，金融市场中因为有人的参与，人与人之间、人的行为与环境之间的互动、别人的行为对你的影响等会改变很多结果发生的概率。其次，在金融市场里，并没有办法从过去的历史数据来推导预测出未来；在商业界，历史大数据也无法准确判断未来。科学研究不同，未来的环境与过去不同，未来市场参与者的经验也与过去不同，所以未来的结果一定和过去不一样。

非遍历性其实是在提醒管理者，严谨的工程技术和科学研究与商业发展和企业管理有着本质的不同。商业发展和企业管理更像大自然中的生态圈，生长、变异、进化才是常态。

复杂系统的第三个特点是根本不确定性，与之前两个特点息息相关。什么是根本不确定性呢？它是无法预测到的风险，即未知的未知，也就是你尚不知道的你所不知道的东西。发明这个词的人是美国国防部前部长拉姆斯菲尔德。十几年前，拉姆斯菲尔德曾经特别就美军在伊拉克面临的风险做过一个4个象限图的分析，分别是美军知道自己已经掌握的风险、美军知道自己还没有掌握的风险、美军并不知道自己已经掌握的风险，以及美军根本不知道自己还没掌握的风险。

这4句话讲起来像是绕口令，但是如果举个例子你可能就清楚了。以本·拉登（Bin Laden）主导的基地组织为例。第一种风险是美军已经知道本·拉登建立了基地组织。第二种风险是美军知道自己并不知道基地组织的目标到底是什么。第三种风险则是美军已经知道与本·拉登相关的人曾经在美国学习飞行，并且再次入境美国，但是并没有就这一重要信息做出分析，也没有把具体个人的行为与基地组织背后可能的阴谋联系起来，因此美国的决策者并不了解CIA掌握了重要的情报，即美国面临恐怖袭击的风险。第四种风险则是美国根本不知道2001年的"9·11"事件会发生，因为驾驶民用飞机撞大楼来发动恐怖袭击是谁都无法想象的。而这第四种风险，恰恰就是"根本不确定性"。比如2008年国际金融危机和2019年末的新冠肺炎疫情等根本无法预测的"黑天鹅"事件，都是这种"根本不确定性"的表现。

第四个特点是计算的不可化归性。这个概念也很难懂，还得用一个例子来说明。

计算的不可化归性就是指很难用比较简单的计算机模型推演出未来的发展。地图是一个比较简单的可以化归的例子。一个比例尺为1:100000的地图，就是把1千米的长度缩小到地图上1厘米长度。一般一个城市的地图缩小到这么大就足够用户使用了，但是要制作这样的地图需要省略大量的信息。

像经济这样复杂的系统，它的计算的不可化归性意味着很难对这个系统进行简化。要想预测未来，参与者必须全程参与。如果经济系统是一张大地图的话，那么基本上需要参与者一步一个脚印亲自在实际当中去丈量。

计算的不可化归性也告诉我们，未来如此复杂，人际互动的影响如此深不可测，人们不可能创造出能够预测经济系统结果的模型。经济世界是无解的，只能自己在生活中去体会。

怎么利用系统思维解决复杂问题

理解了复杂系统的特点和系统思维的立足点，怎么运用系统思维来解决复杂问题呢？需要坚持三个原则。

首先，需要把关注点从短期的现象移开，分析长期的行为和结构，即现象的底层原因。治标和治本的区别就是短期和长期、静态和动态的区别。系统思维训练的就是动态分析问题的深层次原因，只有通过抽丝剥茧，密切关注系统元素之间的联系，推断不同变量之间的相互作用，才可能抓住解决复杂问题的核心。

其次，要清楚地看到，很多界限和边界都是人为设定的，而每个人的认知和信息都是有限的。因为非遍历性和不可化归性，我们无法获得所有的信息，我们必须在环境中学会应变。但这并不妨碍利用模型和情景规划来帮助我们去分析未来不同的可能性。

最后，要清楚木桶原则，外在限制是一个系统发挥作用的重要约束。此外，系统演进的方式常常是非线性的，同时系统的滞后也会对系统的运作产生巨大影响。这就意味着，我们在预测的时候，不能简单线性地推断未来。

要想真正在一个相互关联的以反馈循环主导的世界中游刃有余，需要理解复杂系统中的多重因果、可变性和随机性。未来不止一个，总存在一系列可能的未来，而任何的商业决策，不仅改变了结果，还改变了过程本身。

我们都是宏观经济和商业系统中的观察者和参与者，我们也都受到自己和他人决策互动的影响。同样，我们每个人的决策也会相互作用，产生交集，推动二阶效应，成为涌现出来的新事物的沃土。

有了系统思维，就会懂得商业场景中进化的力量。

套用《星球大战》（*Star Wars*）中尤达大师常说的一句话：May the force of evolution be with you！愿进化的力量与你同在，在未来的商业场景中无往而不利！